青少年民法典教育丛书

民法典让青少年有“力量”

张 力 / 主编

西南大学出版社
SWUPG
国家一级出版社 全国百佳图书出版单位

图书在版编目(CIP)数据

民法典让青少年有“力量”/ 张力主编. — 重庆：西南师范大学出版社，2020.11(2025.9 重印)
(青少年民法典教育丛书)
ISBN 978-7-5697-0543-0

Ⅰ.①民… Ⅱ.①张… Ⅲ.①民法－法典－中国－青少年读物 Ⅳ.①D923.05

中国版本图书馆 CIP 数据核字(2020)第 225632 号

民法典让青少年有“力量”

MINFADIAN RANG QINGSHAONIAN YOU LILIANG

张 力 / 主编

责任编辑：郑祖艺
责任校对：钟宇欣
装帧设计：魏显锋
排　　版：黄金红
出版发行：西南大学出版社(原西南师范大学出版社)
地址：重庆市北碚区
邮编：400715
印　　刷：重庆市国丰印务有限责任公司
成品尺寸：160mm×220mm
印　　张：9.75
字　　数：100千字
版　　次：2020年12月　第1版
印　　次：2025年9月　第10次印刷
书　　号：ISBN 978-7-5697-0543-0
定　　价：28.60元

孙　勇　北京市京师(合肥)律师事务所主任
黄文忠　北京市京师(中山)律师事务所执行主任
唐菊雄　北京市京师(长沙)律师事所主任
陈旭民　北京市京师(深圳)律师事务所主任
董必成　北京市京师(银川)律师事务所主任
张国娟　北京市京师(太原)律师事务所主任
杨嘉文　北京市京师(泉州)律师事务所主任
杨　露　重庆师范大学马克思主义学院讲师
杨　頔　重庆师范大学马克思主义学院副教授
欧　健　西南大学附属中学校党委书记
张全学　龙湖巴蜀学校执行校长
潘　松　重庆市兼善中学校校长
郑　睿　重庆市两江中学校校长
贾　武　重庆市第十五中学校校长
陈良彬　重庆市垫江第一中学校党委书记、校长
廖小华　重庆一中高级教师、全国模范教师
李　明　重庆八中教务处主任
张　旺　西南大学附属小学党委书记
耿品昌　重庆树人立德小学校长
李　竹　重庆市大渡口区实验小学党支部书记、校长
王正富　重庆市合川区高阳小学党支部书记、校长
钟　淑　重庆市永川区红旗小学校党支部书记、校长

序

2020年5月28日，中华人民共和国第一部以“法典”命名的法律——《中华人民共和国民法典》（以下简称民法典）正式颁布。这部适应中国特色社会主义发展要求，弘扬社会主义核心价值观的法典凝结了新中国数代法学家的毕生夙愿，承载着中华民族的精神内核，体现了鲜明的中国特色，是新时代我国社会主义法治建设的重大成果。法典内容包罗万象，提出了民事主体平等原则、自愿原则、公平原则、诚信原则、不得违反公序良俗原则、绿色原则，增加了见义勇为免责制度、英烈保护制度、个人信息保护制度、收养评估制度等，全方位、多层次践行社会主义核心价值观。中共中央印发的《法治社会建设实施纲要（2020—2025年）》指出：“广泛开展民法典普法工作，让民法典走到群众身边、走进群众心里。”所以，把民法典纳入国民教育体系，加强青少年民法典教育是推动全社会增强法治观念的重要环节。

青少年作为祖国的未来、民族的希望，是法治建设的新生力量，青少年民法典教育应通过家庭培养、学校引导、社会宣传“三位一体”的实施机制落地生根。西南政法大学于民法典通过之日即成立全国首批以宣讲民法典核心要义、科普公民权利重点问题、引导民众尊法守法为目的的公益团队——“西南政法大学民法典宣讲团”。宣讲团采取线下讲座、线上公开课、情景剧、法规清理等多种方式积极推动民法典知识进机关、进乡村、进社区、进学校、进企业、进网络，旨在发挥学校服务国家、服务社会功能，宣传好民法典，积极在全社会营造尊法学法守法用法的良好氛围，为推进国家法治进程贡献“西政力量”，并因此获得了社会各界的广泛赞誉，获评第三届“重庆市十大法治人物”特别奖。作为该宣讲团的核心成员，本书编写者充分汲取了相关普法宣传的有益经验，通过梳理民法典青少年法治教育相关内容，以社会主义核心价值观为引领，精心编写本套丛书，通过趣味性、实践性案例深入浅出地介绍青少年民事“权利束”，妙趣横生地分析主播打赏、霸王条款、信息泄露、姓氏选择、亲子认定等社会热点问题，系统阐述青少年贯彻民法典精神的基本方法，全面总结青少年参与民事生活的权利表现形式和维权途径。在讲解法律知识的同时，极具特色地杂糅历史学、社会学等其他学科知识，融入《论语》《弟子规》等传统文化精髓，力求突出以下几个方面的育人效果：

培养青少年“有德”。民法典所记载的为人处世之道主要体现在几大民法基本原则：意思自由者，有选择自由，更要为自己的选择后果负责，方可证明其成年、自立；诚实信用者，创造放心不欺的交往（交易）环境，才可以有“朋友圈”；公平者，中庸容让，体恤弱小，舍得让利，促进长远共赢；公序良俗者，审时度势，顺势而为，保持公心，尊重传统。

培养青少年“有智”。民法典集中记载了许多待人接物的基本法律技巧。害人之心不可有，但避害之术不可无。通过了解民事权利使青少年知分寸，了解自身利益之所在，了解其与他人及公共利益的边界;通过了解民事合同使青少年知进退,了解生活中常用的合同,并防范合同欺诈;通过了解法人与非法人组织使青少年知团结,初步了解未来经商之基本组织与运营智慧。

培养青少年“有力量”。此力量非孔武有力,而是能自觉寻找法律之力维护自己、家人与他人的合法权益,掌握安身立命之法律手段。具体而言,了解各种人格权与财产权的保护救济方式,了解被违约以后的基本救济路径,了解在确保自身安全的前提下救自身与他人于恶行(正当防卫)、助自身与他人于水火(紧急避险与其他救助行为)的法律方法,了解对未成年人负有直接保护职责的机关、组织及其职能等。

总之,通过培养青少年为人处世的“有德”之道、待人接物的“有智”之法、安身立命的“力量”之术,培育青少年在家庭、学校、社会等特定环境中的守法意识、权利意识、规则意识,引导现代社会中青少年的行为模式和处世原则,力求全方位涵养青少年思想道德素质,赋予青少年法治教育浓郁的时代气息。

丛书编写过程中得到了西南政法大学民法典宣讲团各位专家学者的悉心指导。西南大学出版社对丛书的出版给予了大力支持。至此丛书出版之际,谨向各方表示深深的谢意。

是为序。

张 力

Contents 目录

第一篇 青少年的“权利束”

第二篇 培养青少年在家庭生活中有“力量”

第三篇 培养青少年在学校生活中有"力量"

第一篇

青少年的“权利束”

1 胎儿能否继承遗产?

官小毛的爸爸是一位成功的企业家,但在官小毛还是胎儿时因车祸不幸身亡,家里亲戚称官小毛还未出生,不能继承父亲的遗产,不用为他保留应有的份额。请问亲戚的理由正确吗?尚未出生的胎儿是否有权继承遗产?

法条指引

《中华人民共和国民法典》(以下简称《民法典》)第16条 涉及遗产继承、接受赠与等胎儿利益保护的,胎儿视为具有民事权利能力。但是,胎儿娩出时为死体的,其民事权利能力自始不存在。

《民法典》第1155条 遗产分割时,应当保留胎儿的继承份额。胎儿娩出时是死体的,保留的份额按照法定继承办理。

问题解答 亲戚的理由不正确,胎儿尚未出生,但有权继承父亲的遗产。胎儿虽然还未出生,但《民法典》对胎儿的利益给予保护,在涉及继承时,遗产分割应当保留胎儿的继承份额;在涉及赠与时,胎儿也可以接受赠与,成为赠与合同的一方当事人(受赠人)。此外,胎儿所享有的利益并不限于遗产继承、接受赠与两项,如在胎儿出生以前,有人撞击母亲的肚子,导致胎儿出生后身体残疾的，也可在出生后由母亲帮助其提出损害赔偿请求。

2 谁能担任未成年人的监护人？

冯小梅是未成年人。儿童节这天，她和奶奶一起去少年宫玩耍，看到钢琴兴趣班的课堂充满乐趣，就兴致勃勃地跑去报名，但是被老师告知必须由其法定监护人，即她的父母签字才可以。她非常疑惑：为什么必须是父母呢？长期陪伴她长大的奶奶更加了解她的兴趣，不能由奶奶担任监护人吗？

法条指引

《民法典》第27条　父母是未成年子女的监护人。

未成年人的父母已经死亡或者没有监护能力的，由下列有监护能力的人按顺序担任监护人：

（一）祖父母、外祖父母；

（二）兄、姐；

（三）其他愿意担任监护人的个人或者组织，但是须经未成年人住所地的居民委员会、村民委员会或者民政部门同意。

问题解答 冯小梅父母是其法定监护人。父母具有抚养、教育和保护未成年子女的法定义务，与未成年子女的关系最为密切，所以冯小梅参加兴趣班的合同必须由父母亲自签字才可以。只有在冯小梅的父母死亡或者没有监护能力的情况下，才可以由她的祖父母、外祖父母，兄、姐以及其他愿意担任监护人的个人或者组织按顺序担任监护人，其他愿意担任监护人的个人或组织须经冯小梅住所地的居民委员会、村民委员会或者民政部门同意。所以，虽然冯小梅的奶奶陪伴她长大，但是在法律意义上，她的奶奶并不是她的法定监护人。这也不妨碍冯小梅可以在日常生活中孝敬奶奶，感恩奶奶为自己的辛苦付出。

3 未成年人的父母可以通过遗嘱指定监护人吗?

米小志的家庭非常温暖，父母很关心呵护他的成长，但是他的父母因突发疾病将不久于人世。父母想到自己离世后，幼小的米小志无人照管，就整日愁眉不展。此时，爸爸想到一直对自己家庭有所帮助的好友王某，心想：王某是个人品高尚的好人，能不能让他担任米小志的监护人呢?

法条指引

《民法典》第29条　被监护人的父母担任监护人的，可以通过遗嘱指定监护人。

问题解答　可以，但是需要米小志的父母通过遗嘱的方式将王某指定为监护人。为了解除特殊情况下，如快要离世的父母对子女监护问题的担忧，《民法典》规定父母在生前可以为自己的孩子选定最信任的、对于保护子女最有利的人担任监护人。因此，米小志的父母可以通过遗嘱为他指定他们最信任的监护人。

4 监护人在紧急情况下无法照顾未成年人时该怎么办？

周小豆的爸爸从疫情高风险区返回，在核酸检测时被确认感染新型冠状病毒，医护人员立即对其进行医学隔离，但是周小豆才读小学一年级，无法照顾自己，爸爸也非常担心自己的孩子。爸爸心想：谁来照看年幼的周小豆？当地的民政部门可以吗？

法条指引

《民法典》第34条第4款　因发生突发事件等紧急情况，监护人暂时无法履行监护职责，被监护人的生活处于无人照料状态的，被监护人住所地的居民委员会、村民委员会或者民政部门应当为被监护人安排必要的临时生活照料措施。

问题解答

周小豆住所地的居民委员会、村民委员会或者民政部门应当为他安排必要的临时生活照料措施。《民法典》新增加了针对突发紧急情况造成周小豆这种无人照料状态的临时监护制度。根据该制度，当地居民委员会、村民委员会、民政部门必须履行这项职责。

5　我们能要求被撤销监护人资格者支付抚养费吗？

马小东的爸爸酗酒成性，经常在家无缘无故打骂他，这次因为下手太重，将马小东打伤，马小东住进了医院。他的妈妈看到后十分心痛，申请撤销马小东爸爸的监护人资格。但撤销后，他的妈妈无力抚养孩子，请问此时马小东还能请求被撤销监护人资格的爸爸给付抚养费吗？

法条指引

《民法典》第37条　依法负担被监护人抚养费、赡养费、扶养费的父母、子女、配偶等，被人民法院撤销监护人资格后，应当继续履行负担的义务。

问题解答　可以要求给付抚养费。父母被撤销监护人资格后，仍然应当支付抚养费。因为法定抚养义务是基于血缘关系确立的法律义务，不因监护人资格的撤销而免除。《中华人民共和国未成年人保护法》(2021年6月1日生效，以下简称《未成年人保护法》)第108条规定：未成年人的父母或者其他监护人不依法履行监护职责或者严重侵犯被监护的未成年人合法权益的，人民法院可以根据有关人员或者单位的申请，依法作出人身安全保护令或者撤销监护人资格。被撤销监护人资格的父母或者其他监护人应当依法继续负担抚养费用。

6 监护人资格被撤销后能恢复吗？

李小霞的爸爸重男轻女，不让女儿李小霞去上学，而且经常不让她吃饱饭。李小霞的妈妈十分心痛，请求撤销李小霞爸爸的监护人资格。事后，李小霞的爸爸真心悔过，觉得要好好对待自己的女儿，请问他还能再次担任李小霞的监护人吗？

法条指引

《民法典》第38条　被监护人的父母或者子女被人民法院撤销监护人资格后，除对被监护人实施故意犯罪的外，确有悔改表现的，经其申请，人民法院可以在尊重被监护人真实意愿的前提下，视情况恢复其监护人资格，人民法院指定的监护人与被监护人的监护关系同时终止。

问题解答

李小霞的爸爸可以再次担任她的监护人，但必须满足相关条件。被监护人的父母或者子女被撤销监护人资格后，再恢复监护人资格还需要满足以下几个条件：一是没有对被监护人实施故意犯罪的情形，如虐待、遗弃被监护人构成刑事犯罪的，不得恢复监护人资格；二是确有悔改表现，即被监护人的父母或者子女不但要有悔改的意愿，还要有实际的悔改表现；三是要尊重被监护人的真实意愿，如果被监护人不愿意父母或者子女继续担任监护人的，则不得恢复监护人资格。李小霞的爸爸因为重男轻女的思想，不让她上学或者不让她吃饱饭的行为是不积极履行监护职责的行为，如果她的爸爸真心悔过，她的内心也接受爸爸的道歉，那么可以允许恢复他的监护资格，如果李小霞无法原谅爸爸曾经的做法，那么就不能恢复他的监护人资格。

7 未成年人能继承遗产吗?

吴小力的爸爸因车祸去世,留下年仅1岁的他。亲戚告诉他的妈妈,因为吴小力年纪太小,所以就不分给他遗产。吴小力的妈妈非常疑惑:难道未成年人不能继承自己爸爸的遗产吗?

法条指引

《民法典》第124条　自然人依法享有继承权。

问题解答

吴小力可以继承爸爸的遗产。吴小力虽然年仅1岁,但是作为自然人,他享有法定的继承权,可以继承他爸爸的遗产。由于他是无民事行为能力人,继承行为需要由他的妈妈代替他做出。

8 未成年人能接受赠与吗?压岁钱究竟是谁的?

5岁的冯小梅每次过年都会收到压岁钱,但都交由妈妈保管。当她向妈妈要压岁钱买东西时,妈妈却不给她。请问冯小梅可以接受压岁钱吗？压岁钱存放在父母那里，就变成父母的吗？

法条指引

《民法典》第657条　赠与合同是赠与人将自己的财产无偿给予受赠人，受赠人表示接受赠与的合同。

问题解答　冯小梅可以接受压岁钱，即使放在妈妈那里保管，也应当是她的压岁钱。现在不少家长认为自己作为孩子的监护人，就当然地享有"收缴"孩子压岁钱的权利，从《民法典》的角度看，这种想法是错误的。因为，给压岁钱从法律性质上看是一种赠与行为，虽然5岁的冯小梅无法独自接受赠与，但是在父母承认接受的情况下，这种受赠行为是有效的，压岁钱应归属冯小梅，属于她受赠的个人财产，即便父母替她保管，压岁钱也是她的。所以，在生活中，父母不应随意"收缴"孩子的压岁钱，可以替孩子保管，但是不应该直接没收。

9　父母能随意打骂孩子吗？

马小东是一个调皮捣蛋的"熊孩子"，经常把家里搞得乱七八糟，还不认真完成作业，他的父母十分闹心，请问他的父母可以为了管教孩子，就随意打他、骂他吗？

法条指引

《民法典》第1003条　自然人享有身体权。自然人的身体完整和行动自由受法律保护。任何组织或者个人不得侵害他人的身体权。

《民法典》第1004条　自然人享有健康权。自然人的身心健康受法律保护。任何组织或者个人不得侵害他人的健康权。

问题解答　不可以。父母虽然是孩子的法定监护人，但是未成年人依法享有身体权和健康权，为了更好地教育、培养孩子，他们可以适当地批评教育，但不可使用辱骂性、贬低性语言损害孩子的心理健康。他们可以轻微地拍屁股、打手心，但不可以超过限度地殴打孩子，这样的行为不仅损害孩子的身心健康，也破坏了父母和子女的关系，不利于家庭和谐和孩子的健康成长。另外，孩子顽皮捣蛋、做"坏事"，与父母的教育有很大的关系，"养不教，父之过"，父母平时要注重对孩子的教育引导，培养孩子养成健康的生活习惯，不能总是通过事后说教的方式教育孩子，需要平时多关心、多沟通。

10 未成年人能自己更改姓氏吗？

马小东总喜欢标新立异。上学后，他觉得自己的姓氏太大众化，与班里很多同学的姓氏一样，所以想要改变自己的姓氏，请问他可以更改自己的姓氏吗？

法条指引

《民法典》第1015条　自然人应当随父姓或者母姓，但是有下列情形之一的，可以在父姓和母姓之外选取姓氏：

（一）选取其他直系长辈血亲的姓氏；

（二）因由法定扶养人以外的人扶养而选取扶养人姓氏；

（三）有不违背公序良俗的其他正当理由。

少数民族自然人的姓氏可以遵从本民族的文化传统和风俗习惯。

问题解答

可以，但需要父母同意，而且只能在特定范围内选取自己的姓氏，不可以任性选择。根据《民法典》第1015条的规定，儿童的"姓氏权"不再仅仅局限于父亲和母亲的姓氏，例如马小东一直由奶奶抚养长大，为了感恩可以改随奶奶姓，但是根据《中华人民共和国户口登记条例》第18条的规定，未满18周岁的人需要变更姓名的时候，由本人或者父母、收养人向户口登记机关申请变更登记。马小东必须在取得父母双方的同意后，与父母一起去户口登记机关申请变更登记。而且，马小东只能选择其他直系长辈血亲或者抚养自己长大的恩人的姓氏，不可以随意选择百家姓，不可以任性妄为。

11 被收养的未成年人能保留自己原姓氏吗？

未成年人赵小石是一个孤儿，在福利院长大，后来从福利院被养父母收养。登记户口时，他想继续保留自己生父(母)的姓氏，不想改随养父(母)的姓氏，请问他可以这么做吗？

法条指引

《民法典》第1112条　养子女可以随养父或者养母的姓氏，经当事人协商一致，也可以保留原姓氏。

问题解答

可以。赵小石虽然被养父母收养，但是因为感恩生父母的生育之恩，可以在与养父母协商一致的前提下，保留自己原来的姓氏。《民法典》的这一规定体现了姓氏的传承作用，符合中华民族的传统道德规范。赵小石的养父母应当充分理解他的内心想法，及时与他沟通，尊重他的内心意愿，不可以强迫他更改自己的姓氏。

12 未成年人享有隐私权吗？父母可以偷看孩子的日记本吗？

李小霞是一名三年级的小学生，通过语文课学会了写日记。她喜欢将每天的所见所闻都写在日记本里，为了防止爸爸妈妈偷看，就将日记本设置密码，锁在床头柜里，请问她可以这么做吗？三年级的她可以拥有自己的秘密吗？

法条指引

《民法典》第1032条　自然人享有隐私权。任何组织或者个人不得以刺探、侵扰、泄露、公开等方式侵害他人的隐私权。

隐私是自然人的私人生活安宁和不愿为他人知晓的私密空间、私密活动、私密信息。

问题解答

李小霞可以将日记本设置密码，也可以拥有自己的秘密。尊重他人的隐私实际上就是尊重他人的人身自由和尊严。李小霞虽然是个小学生，但她也依法享有隐私权，可以将记录自己心情或秘密的日记本锁在柜子里，也可以不给父母看。如果父母强行或偷偷将日记本打开，就是侵犯她隐私权的行为。李小霞的父母应当尊重孩子的隐私权。虽然她只是三年级的小学生，但是她已经有了自己的认知，有了自己的小秘密。父母如果想走进孩子的内心，可以通过与她谈心的方式沟通感情，关心她的生活，不可以随意翻看孩子的日记，更不能强迫他们说出自己的秘密。

13 非婚生子女能否被歧视？生父(母)应当支付抚养费吗？

周小豆的妈妈没有和爸爸领取结婚证，周围的邻居说周小豆是"私生子"，周小豆非常痛苦，妈妈也没有办法安慰他。他的爸爸经常对他不管不问，周小豆的生活非常艰难。请问周围的邻居可以歧视他吗？周小豆可以要求爸爸支付抚养费吗？

法条指引

《民法典》第1071条　非婚生子女享有与婚生子女同等的权利，任何组织或者个人不得加以危害和歧视。

不直接抚养非婚生子女的生父或者生母，应当负担未成年子女或者不能独立生活的成年子女的抚养费。

问题解答 周围的邻居不可以歧视周小豆,更不应该在背后议论他的出身,周小豆的爸爸应该积极承担父亲的责任,向他支付抚养费,保障他的生活利益。《民法典》第1071条第1款规定,非婚生子女享有与婚生子女同等的权利,任何组织或者个人不得加以危害和歧视。周小豆虽然是非婚生子,但是他享有和其他孩子一样的权利。周围的邻居应当理性地看待这个问题,不应该在背后讨论周小豆的家庭,更不应该将周小豆区别对待,任何孩子的法律地位都是一样的,周小豆爸爸妈妈的婚姻关系虽然不符合法律规定,但是周小豆是无辜的,任何组织或个人不得因此歧视他。周小豆的爸爸作为孩子的监护人,应当积极履行抚养义务,向周小豆支付抚养费,保障周小豆和他妈妈的生活利益,不可以推卸责任。

14 未成年人能申请做亲子鉴定吗?

王小迪是未成年人,长得五官精致,非常惹人喜爱,周围的好友开玩笑说他看起来不像爸爸,因爸爸的长相并不出众。王小迪因此总觉得自己可能不是爸爸妈妈亲生的,想去申请亲子鉴定,请问他可以这么做吗?

法条指引

《民法典》第1073条　对亲子关系有异议且有正当理由的，父或者母可以向人民法院提起诉讼，请求确认或者否认亲子关系。

对亲子关系有异议且有正当理由的，成年子女可以向人民法院提起诉讼，请求确认亲子关系。

问题解答　不可以。根据《民法典》的规定，只有父母或成年子女可以请求确认亲子关系，王小迪是未成年人，不可独自请求确认亲子关系。他可以将自己的疑惑告诉父母，父母应当及时为孩子解开疑惑，这样才能让他正视亲子间长相的差异，肯定自己是家庭成员的一分子，主动融入家庭生活。

15 已满16周岁的孩子还可以被收养吗？收养的条件是什么？

一场车祸让16周岁的孙小菲失去了父母，成为一个可怜的孤儿，但正在上学的她无力养活自己，也没有办法继续接受教育。父母的一位好友于心不忍，想要收养孙小菲，请问已经16周岁的她，还可以被收养吗？

法条指引

《民法典》第1093条　下列未成年人，可以被收养：

（一）丧失父母的孤儿；

（二）查找不到生父母的未成年人；

（三）生父母有特殊困难无力抚养的子女。

问题解答　孙小菲可以被收养。《民法典》关于被收养人的范围由原来的仅限于14周岁以内扩大为符合条件的未成年人均可被收养。孙小菲尽管已经16周岁，但是并没有独自生活的能力，也无法继续接受教育，父母的好友善意地收养她，可以解决她的生活、教育问题，应当被允许。但收养人收养孙小菲应当遵循最有利于被收养人的原则，保障被收养人的合法权益。收养人应当"无不利于被收养人健康成长的违法犯罪记录"，民政部门应当依法进行收养评估。

16 有孩子的人能再收养其他小孩吗？

45岁的王阿姨只有一个在国外定居的儿子，因为距离太远，只是偶尔回来看望她，王阿姨觉得家里冷清，想要收养福利院里8岁的孤儿赵小石。请问已经有儿子的王阿姨可以这样做吗？

法条指引

《民法典》第1098条　收养人应当同时具备下列条件：

（一）无子女或者只有一名子女；

（二）有抚养、教育和保护被收养人的能力；

（三）未患有在医学上认为不应当收养子女的疾病；

（四）无不利于被收养人健康成长的违法犯罪记录；

（五）年满三十周岁。

问题解答　可以。《民法典》规定收养人符合"无子女或者只有一名子女"就可以收养孩子，王阿姨只有一个儿子，是可以收养赵小石的。这样不仅有利于赵小石健康成长，让他能感受到家庭的温暖，继续接受较好的教育，也可以让王阿姨的生活充满活力，不再感到孤寂，拥有幸福的生活。

17 民政部门应当依法调查收养家庭状况吗？

年仅5岁的徐小美因家乡的一场地震变成了孤儿，当地民政部门临时照料她的生活。近期一对夫妻想要收养她，但是民政部门并不放心收养家庭的环境、氛围。请问民政部门能调查、询问、评估收养家庭的经济状况、家庭氛围吗？

法条指引

《民法典》第1105条第5款　县级以上人民政府民政部门应当依法进行收养评估。

问题解答　民政部门应当调查、询问、评估收养家庭的经济状况、家庭氛围。《民法典》新增规定："县级以上人民政府民政部门应当依法进行收养评估。"民政部门作为办理收养登记的机关，应当本着"最有利于儿童的原则"，在登记过程中对收养的实际情况进行深入调查和了解，为每一个被收养的孩子寻找最合适的家庭，这样才有利于被收养人的健康成长。

18 有犯罪记录的人能当收养人吗?

有一个单身男子，曾经因性侵少女被判处刑罚，现在刑满释放，想要收养一名女孩，请问有性侵少女违法犯罪记录的单身男子，能收养女孩吗？

法条指引

《民法典》第1098条　收养人应当同时具备下列条件：

（一）无子女或者只有一名子女；

（二）有抚养、教育和保护被收养人的能力；

（三）未患有在医学上认为不应当收养子女的疾病；

（四）无不利于被收养人健康成长的违法犯罪记录；

（五）年满三十周岁。

问题解答　不能。为进一步强化对被收养人利益的保护，《民法典》在收养人的条件中明确规定"无不利于被收养人健康成长的违法犯罪记录"，该男子有曾经性侵少女的犯罪记录，这样的收养条件不利于被收养女孩的健康成长。同时，法律也禁止该男子收养任何孩子，因为曾经的犯罪记录说明该男子有潜在危险性，为了保护被收养孩子的利益，法律不允许他收养任何孩子！

19 什么是代位继承？

小王的父亲是一位成功的企业家。小王的哥哥在一场车祸事故中不幸身亡，小王的父亲悲痛欲绝，在一个月后也去世，留下巨额遗产。请问小王哥哥的孩子可以参与小王父亲的遗产继承吗？如果小王在哥哥与父亲相继去世后不久也伤心去世，那么小王哥哥的孩子可以继承小王的遗产吗？

法条指引

《民法典》第1128条　被继承人的子女先于被继承人死亡的，由被继承人的子女的直系晚辈血亲代位继承。

被继承人的兄弟姐妹先于被继承人死亡的，由被继承人的兄弟姐妹的子女代位继承。

代位继承人一般只能继承被代位继承人有权继承的遗产份额。

问题解答

可以。《民法典》第1128条第1款规定，被继承人的子女先于被继承人死亡的，由被继承人的子女的直系晚辈血亲代位继承。也就是说，小王的哥哥先于小王的父亲去世，是白发人送黑发人的悲剧，在小王的父亲去世后，小王哥哥的孩子可以参与继承爷爷的财产。《民法典》第1128条第2款规定，被继承人的兄弟姐妹先于被继承人死亡的，由被继承人的兄弟姐妹的子女代位继承。小王的哥哥先于小王死亡，小王死亡后的遗产可以由小王哥哥的孩子继承。

20 父母可以随意用未成年人的财产给自己买东西吗?

三年级的王小迪期末考试成绩优异,春节期间走亲戚时,舅舅给他1000元压岁钱作为奖励。回家后,妈妈将1000元压岁钱收回保管。一周后,妈妈用1000元给自己买了喜欢的化妆品,没有告诉王小迪,请问妈妈可以擅自处分他的1000元压岁钱吗?

法条指引

《民法典》第35条第1款　监护人应当按照最有利于被监护人的原则履行监护职责。监护人除为维护被监护人利益外,不得处分被监护人的财产。

《民法典》第35条第2款　未成年人的监护人履行监护职责,在作出与被监护人利益有关的决定时,应当根据被监护人的年龄和智力状况,尊重被监护人的真实意愿。

《未成年人保护法》第19条　未成年人的父母或者其他监护人应当根据未成年人的年龄和智力发展状况,在作出与未成年人权益有关的决定前,听取未成年人的意见,充分考虑其真实意愿。

问题解答 不可以。父母作为孩子的监护人，有保护孩子人身权利、财产权利及其他合法权益的义务，对孩子财产的处分，必须是为了维护孩子的利益，如为了孩子的生活、教育等。此外，父母作为监护人在做出与孩子利益有关的决定时，应当征求孩子的意见，在孩子提出自己的意见后，尽量尊重孩子的真实意愿。所以，王小迪的妈妈只能将属于王小迪财产的1000元压岁钱用于和他相关的活动，比如给他买他喜欢的书籍等，不可以用作自己购买化妆品。

21 父母能给孩子定"娃娃亲"吗？

李小霞出生于农村家庭，爸爸妈妈觉得隔壁村的吴小力长得端正，家庭条件也好，就想给李小霞和吴小力定个"娃娃亲"，增进两家人的感情。请问她的父母可以为她定"娃娃亲"吗？

法条指引

《未成年人保护法》第17条　未成年人的父母或者其他监护人不得实施下列行为：

……

（九）允许、迫使未成年人结婚或者为未成年人订立婚约；

……

问题解答 不可以。定"娃娃亲"是过去我国农村地区常见的做法。"娃娃亲"不仅不利于青少年的健康成长，容易使其产生对婚姻家庭的错误认识，还违反了《民法典》第1046条"结婚应当男女双方完全自愿，禁止任何一方对另一方加以强迫，禁止任何组织或者个人加以干涉"的规定，是违法行为。父母应当尊重青少年未来的自我选择，不可轻信封建思想的做法，追求所谓的"亲上加亲"，这样会对孩子的身心健康、婚恋观造成极大的损害。

22 孩子打了人，父母需要担责吗？

李小霞生活在偏远的山区，爸爸妈妈为了改善家庭条件，长期在外务工，将李小霞寄养在亲戚家中，平时很少打电话询问她的情况。因为疏于管教，李小霞在一次和同伴抢玩具的过程中，打伤了同村的王小迪，王小迪的父母要求李小霞的父母承担医药费，李小霞的父母可以因自己不在家而拒绝承担吗？

法条指引

《未成年人保护法》第22条第1款　未成年人的父母或者其他监护人因外出务工等原因在一定期限内不能完全履行监护职责的，应当委托具有照护能力的完全民事行为能力人代为照护；无正当理由的，不得委托他人代为照护。

《民法典》第1189条　无民事行为能力人、限制民事行为能力人造成他人损害，监护人将监护职责委托给他人的，监护人应当承担侵权责任；受托人有过错的，承担相应的责任。

问题解答

不可以拒绝，李小霞的父母应当承担医药费。现在农村地区有很多父母为了给孩子创造好的物质生活条件，迫不得已进城打工，将孩子委托亲戚照看。但即使在这种情形下，父母也应当承担对孩子的监护责任，保障孩子的吃穿住行，经常给家里打电话询问孩子的情况，不可以不管不问。如果孩子侵犯了别人的合法权益，家长作为监护人应当承担责任，受委托的亲戚有过错的，例如没有照看好孩子、怂恿孩子打人的，也应当承担一部分责任。

23 老师能将学生关"小黑屋"体罚学生吗?

王小迪比较顽皮,经常和同学产生小矛盾,有一次王小迪和隔壁班的米小志打架,老师现场拉架,但是王小迪不听规劝。事情结束后,老师将王小迪关在班级的杂物间,让他反思。请问老师可以这样做吗?

法条指引

《民法典》第109条　自然人的人身自由、人格尊严受法律保护。

问题解答　不可以。人身自由是每一个公民都享有的一般人格权,任何人不得非法限制。即使王小迪在学校打架还不听规劝,也不能通过关"小黑屋"这种限制人身自由的方法教育他,而应当通过耐心说教或与其父母沟通等方式,妥善处理这种常见的学生打闹行为。王小迪作为学生也应当遵纪守法,不能与同学打架,要认真反思自己的行为,做到知错就改。

24 生命能够随意放弃吗?

年仅13岁的魏小兰刚进入初中一年级,觉得学习压力大,想结束这种压抑的生活,打算通过自杀的方式结束自己的生命。好友齐小云知道后,告诉她不可以这样做,这是对自己不负责任的表现,请问齐小云的说法正确吗?

法条指引

《民法典》第110条第1款　自然人享有生命权、身体权、健康权、姓名权、肖像权、名誉权、荣誉权、隐私权、婚姻自主权等权利。

问题解答

齐小云的说法是正确的,任何人都不能随意放弃自己的生命。生命对于每个人来说,都只有一次,我们每个人都应当珍惜自己的生命,不应当通过自杀或自残的方式损害自己的生命,也不允许任何人通过任何方式损害我们的生命。虽然学习压力大、课程作业多,但是魏小兰不能因为这些问题就随意践踏自己的生命,这是对自己不负责任的表现,会让其父母伤心欲绝。魏小兰可以选择与老师、家人、同学沟通的方式,寻找提高学习成绩的方法,并参加有益的社会活动或体育锻炼,感受生命带来的美好。

25 未经他人允许能随意使用他人的发明吗?

年仅8岁的朱小亮是一个发明迷。在某次学校举办的"科技创新大赛"上,朱小亮展示了自己的"写作业小能手"小发明,一位同学想不经过朱小亮的同意就直接使用这项小发明,请问他可以这么做吗?

法条指引

《民法典》第123条　民事主体依法享有知识产权。

知识产权是权利人依法就下列客体享有的专有的权利:

(一)作品;

(二)发明、实用新型、外观设计;

……

问题解答

不可以。朱小亮虽然年仅8岁,但是他对自己的"写作业小能手"小发明享有知识产权,任何人未经他的同意,不得使用。这位同学如果想使用朱小亮的小发明,应当告诉自己的父母,让父母和朱小亮的父母签订小发明的使用许可合同,支付朱小亮一定的许可使用费后才可以使用这项小发明。

26 我们能随意抢夺同学的东西吗?

米小志是一个性格霸道的小朋友。在上学期间,他发现同桌李小霞的铅笔盒非常好看,就想拿过来瞧瞧,但是因为李小霞不喜欢米小志,就不愿意给他看,这个时候米小志就直接把铅笔盒抢过来,不还给李小霞。请问米小志可以随意抢夺李小霞的铅笔盒吗?

法条指引

《民法典》第240条　所有权人对自己的不动产或者动产,依法享有占有、使用、收益和处分的权利。

问题解答

不可以。李小霞对自己的铅笔盒享有所有权,可以占有、使用,当然也可以选择不给米小志看。米小志没有经过李小霞的许可,是不能占有、使用她的铅笔盒的,更不能通过抢夺、偷拿等方式取得李小霞的铅笔盒。米小志可以通过征求李小霞同意的方式或者改变自己霸道的性格,与李小霞友好相处,使李小霞愿意与他分享自己漂亮的铅笔盒。

27 我们能随意给同学起搞笑外号吗?

班里有同学觉得李小霞的名字太土气,就私下随意给她改名、取外号,给李小霞的学校生活带来很大的困扰,使李小霞常常被其他同学嘲笑。请问班里同学可以随意给她取搞笑的外号吗?

法条指引

《民法典》第1012条　自然人享有姓名权,有权依法决定、使用、变更或者许可他人使用自己的姓名,但是不得违背公序良俗。

《民法典》第1014条　任何组织或者个人不得以干涉、盗用、假冒等方式侵害他人的姓名权或者名称权。

问题解答

不可以。自然人享有姓名权,包括姓名决定权、姓名使用权、姓名变更权。使用自己的姓名是自然人姓名权的重要内容,任何组织与个人都不得强迫自然人使用或不使用某一姓名。李小霞对她的名字享有姓名权,班里的同学不可以随意更改她的姓名,更不可以随意丑化她的姓名,给她取搞笑的外号,甚至经常因为这件事嘲笑她,这些做法都会对李小霞造成心理伤害。

28 老师能随便怀疑学生违法乱纪，并让学生公开做检讨吗？

在某个星期五，三年级的李小霞因为做班级值日，最后一个锁门离开教室。周一的时候，有位同学发现钱包丢失。老师能否因为李小霞是最后一个离开教室的，就怀疑是她拿了钱包，并要求她当着全班同学的面做检讨？

法条指引

《民法典》第109条　自然人的人身自由、人格尊严受法律保护。

《民法典》第1024条　民事主体享有名誉权。任何组织或者个人不得以侮辱、诽谤等方式侵害他人的名誉权。

名誉是对民事主体的品德、声望、才能、信用等的社会评价。

问题解答

不可以。老师如果仅因为李小霞最后一个离开教室就怀疑她藏匿了钱包，要求她在全班做检讨，会导致周围同学对她的评价降低，侵害她的名誉权。名誉权对我们每个人来说都是非常重要的一种人格权利，是不容许任何组织或个人侵犯的。我们应当坚持实事求是的原则，对污蔑、诽谤自己的行为坚决否认,行为人也应当对这种毫无根据的猜测和质问向被害人公开道歉,消除对其名誉权的不利影响。

29 学校能因学生未缴纳学费就随意撤销学生的荣誉吗?

李小霞从小对画画非常感兴趣,积极报名参加学校举办的美术画展,获得"绘画小能手"的称号。但学校因为李小霞没有及时缴纳学费就将她的获奖证书扣留,拒绝颁发,请问学校可以这么做吗?

法条指引

《民法典》第1031条第1款　民事主体享有荣誉权。任何组织或者个人不得非法剥夺他人的荣誉称号,不得诋毁、贬损他人的荣誉。

问题解答

不可以。"绘画小能手"荣誉称号是学校对李小霞绘画作品的积极评价,是赋予她的一项荣誉,虽然没有按时缴纳学费,但是学校不能因为这件事就不给她颁发荣誉证书,这种行为是剥夺李小霞荣誉权的行为。

30 同学之间可以随意公开别人的隐私吗?

初中生郑小诚是学校有名的捣蛋鬼,因为同桌魏小兰不和他一起玩耍,便很讨厌魏小兰。为了报复魏小兰,郑小诚准备和其他小伙伴将魏小兰的身高、体重、性格等信息在班级和年级微信群公开,并评选"班级十大讨厌鬼",让魏小兰"荣登榜首"。郑小诚可以这么做吗?

法条指引

《民法典》第1024条　民事主体享有名誉权。任何组织或者个人不得以侮辱、诽谤等方式侵害他人的名誉权。

名誉是对民事主体的品德、声望、才能、信用等的社会评价。

《民法典》第1032条第1款　自然人享有隐私权。任何组织或者个人不得以刺探、侵扰、泄露、公开等方式侵害他人的隐私权。

《民法典》第1034条第1款　自然人的个人信息受法律保护。

《民法典》第1034条第2款　个人信息是以电子或者其他方式记录的能够单独或者与其他信息结合识别特定自然人的各种信息,包括自然人的姓名、出生日期、身份证件号码、生物识别信息、住址、电话号码、电子邮箱、健康信息、行踪信息等。

问题解答 不可以。郑小诚的这种行为一方面侵害了魏小兰的隐私权，另一方面也会对魏小兰的名誉权造成损害。郑小诚不能觉得他的一切行为发生在网络空间，就不会对魏小兰造成伤害。对于郑小诚的这种做法，其他小伙伴应当及时制止，不参与此类损害他人的不良活动，万一给魏小兰造成损害，他们不但会失去朋友，他们的父母还需要为此承担责任。

31 我们可以歧视班里与自己不同的同学吗？

小学生朱小亮家境贫寒，书包、鞋子经常是破旧的，班里的同学就排斥他，不和他一起玩，不让他参加班级聚会。请问其他同学的这种做法正确吗？

法条指引

《未成年人保护法》第3条第2款　未成年人依法平等地享有各项权利，不因本人及其父母或者其他监护人的民族、种族、性别、户籍、职业、宗教信仰、教育程度、家庭状况、身心健康状况等受到歧视。

问题解答 班里同学的做法不正确。所有的同学都依法享有平等的民事权利，不能因为性别、民族、种族、家庭财产状况或者宗教信仰的区别而歧视个别同学。不能因为朱小亮家境贫寒就孤立他，不和他一起玩，这样不仅会对他的心理造成极大的伤害，也会让班级缺少友爱的氛围。其他同学应当积极帮助家庭条件较差的朱小亮，与他结为朋友，一起快乐成长。

32 学校能随意开除学习成绩落后的同学吗？

某重点学校为了提升本校的升学率，每年都会进行摸底考试。这次，学校将学习成绩居后的方小空随意开除，请问学校的这种做法正确吗？

法条指引

《未成年人保护法》第28条第1款　学校应当保障未成年学生受教育的权利，不得违反国家规定开除、变相开除未成年学生。

《未成年人保护法》第29条第1款　学校应当关心、爱护未成年学生，不得因家庭、身体、心理、学习能力等情况歧视学生。对家庭困难、身心有障碍的学生，应当提供关爱；对行为异常、学习有困难的学生，应当耐心帮助。

问题解答 学校的这种做法是错误的,学校不能随意开除成绩落后的同学。学校负有培养青少年的法定义务,老师具有为学生讲授知识的法定义务,即便方小空学习成绩较差,学校也不能为了升学率,随意开除或歧视方小空,而应当更加关注方小空的学习动态,积极督促老师帮助方小空提高学习成绩。

33 学校能为提高升学率挤占学生休息时间吗?

初中生魏小兰就读于某市重点中学,学校为了升学率,允许任课老师大量布置家庭作业,严重挤占学生的睡眠和休息时间,魏小兰每天只有四五个小时的睡眠时间,课堂上经常犯困。请问学校这种挤占学生休息时间的做法正确吗?

法条指引

《未成年人保护法》第33条　学校应当与未成年学生的父母或者其他监护人互相配合,合理安排未成年学生的学习时间,保障其休息、娱乐和体育锻炼的时间。

学校不得占用国家法定节假日、休息日及寒暑假期,组织义务教育阶段的未成年学生集体补课,加重其学习负担。

幼儿园、校外培训机构不得对学龄前未成年人进行小学课程教育。

问题解答 这种做法是不正确的。青少年正值身体发育的关键时期，必须保证青少年每天的必要睡眠时间，不可以单纯为了提高升学率，布置过多的家庭作业，给学生造成过重的学习负担。完成大量的作业挤占了魏小兰的睡眠时间，让她在课堂上无法集中精神听课，不仅没有起到提高学习成绩的作用，而且还损害了她的身体健康。学校不应揠苗助长，而应该合理规划学习生活时间，通过科学的教学计划和方法，提高学生的学习成绩。

34 学校能随意公开学生的犯罪记录吗？

17岁的李小乐因为性格逆反，离家出走，为满足自己的生活需求，就去超市偷盗，作案被抓后被处以刑事处罚。李小乐所在的学校为了教育其他学生，公开李小乐偷盗并被处以刑事处罚的事实。请问学校的做法正确吗？

法条指引

《中华人民共和国刑事诉讼法》第286条　犯罪的时候不满十八周岁，被判处五年有期徒刑以下刑罚的，应当对相关犯罪记录予以封存。

犯罪记录被封存的，不得向任何单位和个人提供，但司法机关为办案需要或者有关单位根据国家规定进行查询的除外。依法进行查询的单位，应当对被封存的犯罪记录的情况予以保密。

问题解答　学校的做法不正确。虽然李小乐因为盗窃被处以刑事处罚，但是学校不应该用公开他偷盗事实的方式教育其他学生，这样会给他造成学习和生活上的困扰，让他无法重返社会生活。学校可以通过其他方式告诫学生偷盗行为的不法性，借助公益宣传视频等引导学生树立正确的人生观、世界观、价值观。同时根据法律规定，为保护未成年犯罪者的隐私和让其能重新步入社会，相关部门应当将相关犯罪记录进行封存，不得向任何单位或个人提供。

35 培训机构能随意透露学生的个人信息吗?

暑假期间,初中生魏小兰想要报名参加暑期培训班,在父母的陪同下与培训机构签订了培训协议。随后,培训机构的老师以商业合作为由,未经魏小兰的同意就将她的姓名、电话号码、学习兴趣等个人信息透露给其他培训机构,给她的生活带来很大的困扰。请问培训机构老师的做法正确吗?

法条指引

《民法典》第111条　自然人的个人信息受法律保护。任何组织或者个人需要获取他人个人信息的,应当依法取得并确保信息安全,不得非法收集、使用、加工、传输他人个人信息,不得非法买卖、提供或者公开他人个人信息。

问题解答

培训机构老师的做法不正确。根据《民法典》的规定,自然人的个人信息受法律保护。根据《中华人民共和国网络安全法》第76条第5项规定,自然人的个人信息是指,以电子或者其他方式记录的能够单独或者与其他信息结合识别自然人个人身份的各种信息,包括但不限于自然人的姓名、出生日期、身份证件号码、个人生物识别信息、住址、电话号码等。培训机构的老师将获得的学员信息在未经其本人同意的情况下，擅自出售或转让给其他机构，导致学员的个人信息泄露，私人生活受到骚扰，侵犯了学员的个人信息权。

36 限制民事行为能力人实施的与其年龄、智力等状况相适应的民事法律行为有效吗？

有一天中午，王小叶的妈妈正准备炒菜，发现家里没有酱油了，于是给9岁的王小叶10元钱，让她去楼下便利店买瓶酱油。请问9岁的王小叶还未成年，就可以独自帮家里"打酱油"吗？

法条指引

《民法典》第145条第1款　限制民事行为能力人实施的纯获利益的民事法律行为或者与其年龄、智力、精神健康状况相适应的民事法律行为有效；实施的其他民事法律行为经法定代理人同意或者追认后有效。

问题解答

9岁的王小叶可以独自帮家里"打酱油"。根据《民法典》的规定，王小叶已经年满8周岁，可以从事与其年龄、智力、精神健康状况相适应的民事法律行为，可以独自买价值较小的图书、学习用品、生活用品，当然也可以独自帮家里"打酱油"。如果是大额的交易，例如购买笔记本电脑、手机等，还须征得父母的同意，才可以实施。

37 未成年人能要求失主按照悬赏广告支付报酬吗？

7岁的蒋小桃在放学回家的路上看到邻居王阿姨走丢的小狗，便将它抱回去还给王阿姨。邻居李阿姨告诉她，王阿姨曾经发布悬赏广告，承诺重金寻狗，请问事后得知这一消息的蒋小桃还可以向王阿姨请求支付悬赏金吗？

法条指引

《民法典》第499条　悬赏人以公开方式声明对完成特定行为的人支付报酬的，完成该行为的人可以请求其支付。

问题解答　蒋小桃可以请求王阿姨支付悬赏金。虽然蒋小桃只有7岁，但是她送还宠物狗的行为完成了王阿姨悬赏广告的要求，即使蒋小桃事先不知道悬赏广告的内容，她也可以请求王阿姨支付悬赏金。我们在生活中捡到他人物品，应当及时归还，这样不仅符合拾金不昧的道德要求，也可以在一些情况下得到法律的意外奖励。

38 寄存的东西丢失了该怎么办?

某个周六,初中生魏小兰和朋友约着一起看电影。来到电影院后,魏小兰将其包存放在电影院的储物柜,看完电影后发现包丢失了。请问魏小兰可以请求电影院赔偿自己的损失吗?

法条指引

《民法典》第888条　保管合同是保管人保管寄存人交付的保管物,并返还该物的合同。

寄存人到保管人处从事购物、就餐、住宿等活动,将物品存放在指定场所的,视为保管,但是当事人另有约定或者另有交易习惯的除外。

《民法典》第889条　寄存人应当按照约定向保管人支付保管费。

当事人对保管费没有约定或者约定不明确,依据本法第五百一十条的规定仍不能确定的,视为无偿保管。

《民法典》第897条　保管期内,因保管人保管不善造成保管物毁损、灭失的,保管人应当承担赔偿责任。但是,无偿保管人证明自己没有故意或者重大过失的,不承担赔偿责任。

问题解答 魏小兰不可以请求电影院赔偿自己的损失。现实生活中，我们不仅在看电影时会存放物品，在逛超市、逛书店时也会存放物品，但我们一般是打开公用储物柜进行存储，并未支付相关费用。但有些同学认为只要是自己在电影院寄存物品，电影院就应当负担保管义务，如果物品丢失，电影院就应当赔偿，这其实是一种认识上的误区。因为我们会注意到电影院、超市、书店在存储柜上通常会有"现金及贵重物品不得存放"等字样，那么只要尽到了这种提示说明义务，又不存在故意偷盗的恶意，电影院、超市、书店等就已经尽到了安全保障义务，物品丢失的责任就应当由顾客自行承担。因此，为保证自己的财物安全，在进入电影院前，应选择人工存储等安全系数更高的存储服务。

39 照相馆未经他人同意，随意使用其照片做商业宣传是侵权吗？

初中生魏小兰因为长相漂亮，穿着整洁，学校周边的很多照相馆都想用她的照片做店面的商业宣传，而且有些店面没有经过她的同意，就直接将她的照片印在宣传单上。请问这些店铺的行为是侵权吗？

法条指引

《民法典》第1018条　自然人享有肖像权，有权依法制作、使用、公开或者许可他人使用自己的肖像。

肖像是通过影像、雕塑、绘画等方式在一定载体上所反映的特定自然人可以被识别的外部形象。

问题解答　这些店铺的行为是侵权行为，他们应当经过魏小兰的允许才能使用魏小兰的照片。因为魏小兰作为自然人，依法享有肖像权，她可以自己决定如何使用自己的肖像以及给谁使用，照相馆想要使用魏小兰的照片做商业宣传，就必须经过肖像权人魏小兰的同意，否则就会侵犯魏小兰的肖像权。

40 好心收养流浪狗，狗主人要求归还的，是否应支付费用给收养人？

小学生王小叶放学后路过公园，发现一只走丢的小狗，就好心将它抱回家悉心喂养。后来狗主人找到王小叶请求返还小狗，请问这个时候王小叶可以要求狗主人支付狗粮费用吗？

法条指引

《民法典》第121条　没有法定的或者约定的义务，为避免他人利益受损失而进行管理的人，有权请求受益人偿还由此支出的必要费用。

问题解答

王小叶可以要求狗主人支付狗粮费用。即使狗主人并没有委托她照看小狗，她也不是动物管理部门的工作人员，没有义务照看小狗，但王小叶在放学路上看到流浪狗，觉得小狗可怜，就将它抱回家的行为是善意的行为。狗主人在请求她返还小狗的同时，应当依法支付小狗的饲料费等必要费用，例如她为小狗支付的疫苗费用、治疗费用、护理费用等。

41 游戏装备、网络账号等虚拟财产受保护吗？

初中生郑小诚酷爱打游戏，并且技艺高超，他的游戏账号下有很多值钱的装备。同班的陈小奇非常喜欢这些装备，就通过黑客手段盗取郑小诚的装备。请问陈小奇的这种盗窃装备的做法正确吗？

法条指引

《民法典》第127条　法律对数据、网络虚拟财产的保护有规定的，依照其规定。

问题解答　陈小奇的这种盗窃装备的做法不正确。初中生郑小诚对他的网络游戏账号、网络游戏装备等投入了大量的时间、精力、金钱，使网络游戏账号、网络游戏装备等具有了财产的特性。同班的陈小奇盗走郑小诚的装备，侵犯了郑小诚的财产权，是违法行为，陈小奇应当将盗走的装备还给郑小诚。但是，郑小诚同学应该将重心放在学习上，不要沉迷游戏无法自拔，耗费大量的时间、精力，荒废学业，这样的做法是不明智的。

42 我们的身体器官可以买卖吗？

初中生郑小诚喜欢与同学攀比，最近发现班上有同学使用某品牌的最新款手机，觉得自己一定要拥有一部，但是父母不肯给钱购买，就想通过地下交易售卖自己的左肾获得钱款。请问他的做法正确吗？

法条指引

《民法典》第1007条　禁止以任何形式买卖人体细胞、人体组织、人体器官、遗体。

违反前款规定的买卖行为无效。

问题解答　郑小诚的做法不正确。任何形式的人体器官买卖都是非法的，地下交易的卖肾市场是严重损害人的身体健康的"黑工厂"，是被法律所禁止的。他应当树立正确的价值观、消费观，不要与其他同学盲目攀比，手机只是一个通信工具而已，应将关注点转移到提高学习成绩、保持身体健康等有益的事情上。为了一部新手机就随意出售自己的肾脏，不仅会对身体造成严重损害，也是价值观严重扭曲的表现。

43 哪些场所应对未成年人优惠开放？

小学生李小霞在六一儿童节和父母去动物园玩耍。来到动物园购买门票时被告知须购买成人票。李小霞认为动物园应减半收取门票费用，请问她的想法正确吗？动物园可以按照成人票价收取她的门票费吗？

法条指引

《未成年人保护法》第44条第1款　爱国主义教育基地、图书馆、青少年宫、儿童活动中心、儿童之家应当对未成年人免费开放；博物馆、纪念馆、科技馆、展览馆、美术馆、文化馆、社区公益性互联网上网服务场所以及影剧院、体育场馆、动物园、植物园、公园等场所，应当按照有关规定对未成年人免费或者优惠开放。

问题解答　李小霞的想法正确，动物园不可以按照成人票价收取她的门票费。根据《未成年人保护法》第44条第1款规定，博物馆、纪念馆、动物园、公园等场所，应当按照有关规定对未成年人免费或者优惠开放。青少年是一群特殊的群体，是祖国的未来，博物馆、纪念馆等机构负有促进青少年健康发展的义务，应当为未成年人的参观活动提供优惠政策，不应按照全价收费。在李小霞出示学生证后，动物园应当在查验后减半收取门票费用。

44 未成年人能参加工作吗？他们能获得工作报酬吗？

暑假来临，火锅店的生意红火，餐馆老板为了减少工资开支，招用13岁的齐小云和17岁的何小虎在其餐馆打工，仅支付一半工资，请问火锅店老板的做法正确吗？

法条指引

《中华人民共和国劳动法》（以下简称《劳动法》）第3条第1款　劳动者享有平等就业和选择职业的权利、取得劳动报酬的权利、休息休假的权利、获得劳动安全卫生保护的权利、接受职业技能培训的权利、享受社会保险和福利的权利、提请劳动争议处理的权利以及法律规定的其他劳动权利。

《未成年人保护法》第61条　任何组织或者个人不得招用未满十六周岁未成年人，国家另有规定的除外。

营业性娱乐场所、酒吧、互联网上网服务营业场所等不适宜未成年人活动的场所不得招用已满十六周岁的未成年人。

招用已满十六周岁未成年人的单位和个人应当执行国家在工种、劳动时间、劳动强度和保护措施等方面的规定，不得安排其从事过重、有毒、有害等危害未成年人身心健康的劳动或者危险作业。

任何组织或者个人不得组织未成年人进行危害其身心健

康的表演等活动。经未成年人的父母或者其他监护人同意，未成年人参与演出、节目制作等活动，活动组织方应当根据国家有关规定，保障未成年人合法权益。

问题解答 火锅店老板不可以招用13岁的齐小云，因为齐小云未满16周岁，根据我国法律规定，不可招用童工。火锅店可以招用17岁的何小虎，但需要注意呵护何小虎的身心健康，不可以让何小虎从事过重的劳动，比如搬运物资，也不可以让何小虎经常值夜班，损害其身体健康。即使火锅店可以招用17岁的何小虎，也不能减半发工资，必须按照正常标准发放工资，不可以压榨劳动力。

45 新闻媒体能报道未成年犯罪者的个人信息吗？

17岁的何小虎曾经因打架致人重伤，被追究刑事责任。为了警示教育未成年人，一些新闻媒体对此事件进行报道。新闻媒体在报道的过程中直接指明何小虎的姓名、学校、班级等，并配以何小虎的证件照，请问新闻媒体的做法正确吗？

法条指引

《未成年人保护法》第49条　新闻媒体应当加强未成年人保护方面的宣传，对侵犯未成年人合法权益的行为进行舆论监督。新闻媒体采访报道涉及未成年人事件应当客观、审慎和适度，不得侵犯未成年人的名誉、隐私和其他合法权益。

问题解答　新闻媒体的做法不正确。未成年人依法享有隐私权。虽然17岁的何小虎做出了违法行为，新闻媒体基于警示教育未成年人可以对该事件进行报道，但是新闻媒体在报道的时候应当使用化名或者采用其他方式隐名，不可以让大众尤其是何小虎周围的同学、家长通过该报道直接锁定何小虎的犯罪身份。新闻媒体更不能直接将何小虎的照片放到媒体报道中，这样会让大家对何小虎产生歧视，不利于何小虎重新融入社会。

第二篇

培养青少年在家庭生活中有“力量”

1 断绝"亲子关系"的协议有效吗?

15岁的郑小诚想要某品牌最新款的游戏机,但爸爸不同意购买。郑小诚非常愤怒,与爸爸签订断绝父子关系的协议。爸爸事后对他不管不问,郑小诚无法独立生活,更无法缴纳学费,请问他还可以请求爸爸支付抚养费,履行教育、保护义务吗?

法条指引

《民法典》第8条　民事主体从事民事活动,不得违反法律,不得违背公序良俗。

《民法典》第153条第2款　违背公序良俗的民事法律行为无效。

问题解答

郑小诚还可以请求爸爸支付抚养费,履行教育、保护义务。"断绝父子关系的协议"违背了"父慈子孝""家庭和谐""家和万事兴"的伦理道德,是无效的。郑小诚与爸爸之间的父子关系依旧存在,他的爸爸仍然负有抚养、教育、保护他的义务,不能仅因为游戏机事件就对他放任不管。同样,郑小诚在爸爸年老时,也必须尽赡养义务。12~16岁的孩子正处在叛逆期,经常会因为一些琐事与父母发生冲突,此时父母、孩子应当主动沟通交流,分析问题的缘由,及时解决家庭矛盾,不可以随意做出断绝亲子关系的约定。

2 父母对孩子不管不问,孩子应该怎么办?

魏小兰是一名城市的留守儿童,她的父母常在外忙工作,回家后就躺在沙发上玩手机,对她的学习从不过问,甚至不知道她在几年级几班。魏小兰的父母经常以工作繁忙为由不去参加女儿的家长会,请问魏小兰应该怎么办?

法条指引

《民法典》第26条第1款　父母对未成年子女负有抚养、教育和保护的义务。

问题解答

魏小兰可以寻求老师或住所地居民委员会的帮助。她的父母对她负有抚养、教育和保护的义务。父母对未成年子女的抚养、教育和保护义务,主要包括进行生活上的照料,保障未成年人接受义务教育,以适当的方式、方法管理和教育未成年人,保护未成年人的身心健康。虽然魏小兰的父母确实因为工作繁忙无法兼顾她的学习生活,但最基本的教育、照管义务必须履行，比如参加家长会，回家后不玩手机而是关心她的学习生活等。父母是一个伟大的身份，每位父母都应在繁忙的工作中挤出点滴时间呵护孩子的成长。

3 父母等相互推脱，不愿担任监护人，未成年人该怎么办？

魏小兰的父母不关心、照顾她的学习、生活，觉得担任监护人太麻烦，所以不愿意担任她的监护人。魏小兰的爷爷奶奶也不愿看护自己的孙女。请问年幼的她应该怎么办？如何才能保障自己的正常生活、学习？

法条指引

《民法典》第31条　对监护人的确定有争议的，由被监护人住所地的居民委员会、村民委员会或者民政部门指定监护人，有关当事人对指定不服的，可以向人民法院申请指定监护人；有关当事人也可以直接向人民法院申请指定监护人。

居民委员会、村民委员会、民政部门或者人民法院应当尊重被监护人的真实意愿，按照最有利于被监护人的原则在依法具有监护资格的人中指定监护人。

依据本条第一款规定指定监护人前，被监护人的人身权利、财产权利以及其他合法权益处于无人保护状态的，由被监护人住所地的居民委员会、村民委员会、法律规定的有关组织或者民政部门担任临时监护人。

监护人被指定后，不得擅自变更；擅自变更的，不免除被指定的监护人的责任。

问题解答 魏小兰可以向自己家所在地的居民委员会、村民委员会或者民政部门请求帮助，请他们指定监护人。魏小兰的父母等相关人员如果对居民委员会、村民委员会或者民政部门的指定不服，可以直接向法院提出申请，由法院指定监护人。他们也可以直接向法院申请指定监护人。在确定监护人之前，魏小兰处于无人监护的状态，为了保护她的合法权益不受侵害，她家所在地的居民委员会、村民委员会或者民政部门应当担任临时监护人。此外，魏小兰的父母作为与魏小兰关系最密切的人，应当自觉承担孩子的监护义务，不能仅为了自己的事，就对孩子不管不问。

4 父母损坏孩子的财产该怎么办？

舅舅在官小毛过生日的时候送给他一个变形金刚，官小毛非常喜欢，一回到家就在房间里面把玩，常常忘记做作业。

妈妈看到后非常生气。多次劝说后没有效果，气急败坏的妈妈一把抢过变形金刚，狠狠地摔在地上。变形金刚被摔坏，请问官小毛应该怎么办？

法条指引

《民法典》第34条第3款　监护人不履行监护职责或者侵害被监护人合法权益的，应当承担法律责任。

问题解答　官小毛可以要求妈妈给自己再买一个变形金刚。变形金刚是舅舅送给他的生日礼物，那么变形金刚就是他的个人财产。妈妈虽然是出于好心，想让孩子专心学习，但是不应该直接摔坏孩子的物品，因为这是侵害孩子财产权的行为，妈妈作为监护人，应当赔偿他的财产损失。但是官小毛也应该明白妈妈的苦心，把心思用在学习上，不要让妈妈为自己的学习劳心费神。

5 父母未经同意就把玩具送给别人，孩子应该怎么办？

严小阳的叔叔在他过生日的时候送给他一个变形金刚，严小阳非常喜欢，一回到家就在房间里面把玩，妈妈看到后非常生气。恰好有一次严小阳的表弟来家里玩，也非常喜欢这个变形金刚，妈妈就借机把它送给了严小阳的表弟。请问严小阳应该怎么办？

法条指引

《民法典》第35条第1款　监护人应当按照最有利于被监护人的原则履行监护职责。监护人除为维护被监护人利益外，不得处分被监护人的财产。

《民法典》第35条第2款　未成年人的监护人履行监护职责，在作出与被监护人利益有关的决定时，应当根据被监护人的年龄和智力状况，尊重被监护人的真实意愿。

《民法典》第657条　赠与合同是赠与人将自己的财产无偿给予受赠人，受赠人表示接受赠与的合同。

问题解答

严小阳可以要求妈妈重新给自己买一个。妈妈的行为是不符合法律规定的，《民法典》规定监护人除为维护被监护人利益外，不得处分被监护人的财产。那个变形金刚是叔叔送给严小阳的，是他的个人财产，妈妈没有经过严小阳的同意，不能直接将它送给别人。现在严小阳的表弟已经接受赠与，那么妈妈就应该给严小阳重新买一个。但是严小阳要理解妈妈的出发点是好的，在妈妈买了玩具后，应该把心思用在学习上，不要再沉迷于玩具。

6 未成年人该如何应对实施家暴的监护人?

12岁的汪小禾家庭并不幸福,父母在她10岁的时候就离婚了,她跟随爸爸生活,但是爸爸经常酗酒、赌博,回家后就对汪小禾拳打脚踢。邻居看到后都于心不忍,告诉汪小禾可以寻求法律保护。请问汪小禾应该如何寻求法律救济呢?

法条指引

《民法典》第36条第1款　监护人有下列情形之一的,人民法院根据有关个人或者组织的申请,撤销其监护人资格,安排必要的临时监护措施,并按照最有利于被监护人的原则依法指定监护人:

(一)实施严重损害被监护人身心健康的行为;

(二)怠于履行监护职责,或者无法履行监护职责且拒绝将监护职责部分或者全部委托给他人,导致被监护人处于危困状态;

(三)实施严重侵害被监护人合法权益的其他行为。

问题解答

汪小禾可以请求撤销父亲的监护人资格。《民法典》规定了可以撤销监护人资格的三种情形:一是实施严重损害被监护人身心健康行为的,例如性侵、出卖、遗弃、虐待、暴力伤害被监护人等;二是怠于履行监护职责,或者无法履行监护职责并且拒绝将监护职责部分或者全部委托给他人,导致被监护人处于危困状态的,例如,父母有吸毒、赌博等恶习,怠于履行监护职责,导致被监护人面临严重危险等;三是其他可能严重侵害被监护人合法权益的情形,例如,教唆、利用未成年人实施违法犯罪行为等。汪小禾的父亲经常酗酒、赌博,无法履行对她的监护职责,不仅如此,还经常对她拳打脚踢,很可能会危及汪小禾的人身安全,所以汪小禾可以请求撤销父亲的监护资格。此外,如果汪小禾因为不具备法律知识或者害怕父亲知道后变本加厉,没有办法及时请求撤销的,当地民政部门应当向人民法院提出申请。

7 父母因离婚分割孩子财产,孩子该怎么办?

郑小诚16岁生日的时候,爸爸妈妈给他买了一套房,作为生日礼物送给他。但在郑小诚18岁的时候,爸爸妈妈因感情不和闹离婚,爸爸要求分割之前给郑小诚的那套房屋,他认为是用家里的钱买的,但是妈妈不同意爸爸分割那套房屋,她认为那是送给郑小诚的。请问面临这种情况,郑小诚应该怎么办?

法条指引

《民法典》第657条　赠与合同是赠与人将自己的财产无偿给予受赠人，受赠人表示接受赠与的合同。

问题解答　郑小诚可以不同意爸爸分割这套房屋。这套房屋虽然是用父母的财产购买的，但是在16岁生日的时候，郑小诚作为受赠人，获得了这份赠与的财产，那么该财产就成了郑小诚的个人财产，爸爸妈妈只是代为保管，但不可以处分。离婚时，他们不可以分割属于孩子的财产，只能分割属于夫妻的共有财产，这套房屋应由离婚后随郑小诚一起生活的一方继续代为保管。

8　父母经常吵架，孩子应该怎么办？

齐小云的爸妈是网恋闪婚，婚后经常两天一小吵、三天一大吵，生活在这种环境下的齐小云根本感受不到正常家庭的温暖。请问她应该怎么办？

法条指引

《民法典》第1043条　家庭应当树立优良家风，弘扬家庭美德，重视家庭文明建设。

夫妻应当互相忠实，互相尊重，互相关爱；家庭成员应当敬老爱幼，互相帮助，维护平等、和睦、文明的婚姻家庭关系。

问题解答　她可以要求爸妈不要吵架、和平相处，也可以寻求自己家所在地的居民委员会或村民委员会帮助协调父母关系。家风作为一个家庭的风气、风格与风尚，为家庭成员树立了无形的却又无处不在的价值准则。《民法典》以法律的形式强调树立优良家风，宣示了国家的高度重视和强力倡导，可以强化家庭成员的责任感和义务感。家长应当给孩子营造一个平等、和睦、文明的家庭环境，弘扬家庭美德，重视家风建设，这有利于孩子的健康成长。

9　继母区别对待继子（女），继子（女）应该怎么办？

汪小禾在父母离婚后跟随爸爸生活，爸爸再婚后，继母生了一个妹妹。汪小禾和妹妹在同一个学校读书，但是继母总是开车送妹妹上学，让她自己走路上学。汪小禾觉得自己被区别对待，请问她应该怎么办？

法条指引

《民法典》第1072条　继父母与继子女间，不得虐待或者歧视。

继父或者继母和受其抚养教育的继子女间的权利义务关系，适用本法关于父母子女关系的规定。

问题解答　汪小禾可以将这件事情告诉爸爸，让爸爸和继母沟通交流，她还可以直接和继母聊一聊这件事，她是爸爸的孩子，继母是爸爸的妻子，继母应该照顾、抚养自己，这是法定义务。继母不应该区别对待，这是不利于家庭和谐的，也是违法的。

10　父母双亡后，有抚养能力的（外）祖父母拒不抚养未成年（外）孙子（女），未成年人该怎么办？

因意外事故，三年级的赵小石失去双亲。爷爷奶奶住在农村，家庭条件很差，外公外婆刚退休，住在城市舅舅家，家庭条件优越，于是居委会希望外公外婆可以抚养赵小石，但是舅妈认为外公外婆没有义务抚养赵小石。请问赵小石应该怎么办？

法条指引

《民法典》第1074条　有负担能力的祖父母、外祖父母，对于父母已经死亡或者父母无力抚养的未成年孙子女、外孙子女，有抚养的义务。

有负担能力的孙子女、外孙子女，对于子女已经死亡或者子女无力赡养的祖父母、外祖父母，有赡养的义务。

问题解答　赵小石可以要求外公外婆照顾抚养自己，不用理会舅妈的说法。根据《民法典》的规定，有负担能力的（外）祖父母，对于父母已经死亡的未成年（外）孙子（女），有抚养的义务。赵小石才读三年级，父母双亡，需要有人抚养照顾，外公外婆的经济条件好，而且刚退休，具备抚养能力，应当积极履行法定义务，舅妈的说辞是违法的，可以不理会她的说法。

11 父母双亡后，有负担能力的兄、姐不扶养未成年的弟弟（妹妹），怎么办？

廖小帅和廖小美是兄妹，两人感情很好。他们父母在一次意外事故中去世，当时廖小帅已结婚，有稳定的工作，但廖小美尚未成年。哥哥主动要求扶养妹妹，但嫂子不同意，称可以让廖小美去福利院，廖小帅没有扶养的义务。请问廖小美应该怎么办？

法条指引

《民法典》第1075条　有负担能力的兄、姐，对于父母已经死亡或者父母无力抚养的未成年弟、妹，有扶养的义务。

由兄、姐扶养长大的有负担能力的弟、妹，对于缺乏劳动能力又缺乏生活来源的兄、姐，有扶养的义务。

问题解答

廖小美可以要求哥哥扶养自己，嫂子的想法是错误的。根据《民法典》的规定，有负担能力的兄、姐，对于父母已经死亡的未成年弟、妹，有扶养的义务。廖小帅已经成家还有稳定的工作，具备扶养廖小美的实际条件，而且哥哥亲自扶养更加有利于廖小美的健康成长，所以嫂子不应该拒绝扶养廖小美，而是应该主动将廖小美接到家中，让她感受家庭的温暖。

12 妻子分娩后一年内，丈夫能提出离婚吗？

方小空的父母是网恋闪婚，在方小空出生仅9个月的时候，方小空的爸爸厌倦了婚后的生活琐事，想到方小空长大后会有更多的事情，就不想继续维持婚姻关系，于是向法院起诉离婚，请问法院会支持方小空爸爸的诉求吗？

法条指引

《民法典》第1082条　女方在怀孕期间、分娩后一年内或者终止妊娠后六个月内，男方不得提出离婚；但是，女方提出离婚或者人民法院认为确有必要受理男方离婚请求的除外。

问题解答

法院不会支持方小空爸爸的诉求。方小空出生仅9个月，他的妈妈也还没有完全适应照顾孩子的辛苦生活，正是需要他的爸爸给予帮助的时候。《民法典》为了保护女方和孩子的利益，规定"女方在怀孕期间、分娩后一年内或者终止妊娠后六个月内，男方不得提出离婚"，法院因此不会支持他爸爸的诉求。

13 父母离婚后，无直接抚养权一方不给付抚养费该怎么办？

蒋小桃的父母经常因为琐事争吵，于是协议离婚。离婚后，蒋小桃跟随母亲一起生活，但是母亲只能靠做些临时工的收入贴补家用，无法支付蒋小桃的学费和生活费。蒋小桃曾经向爸爸请求支付抚养费、学费，但是爸爸认为自己没有支付抚养费、学费的义务。请问爸爸的做法正确吗？蒋小桃应该怎么办？

法条指引

《民法典》第1084条第1款　父母与子女间的关系，不因父母离婚而消除。离婚后，子女无论由父或者母直接抚养，仍是父母双方的子女。

《民法典》第1084条第2款　离婚后，父母对于子女仍有抚养、教育、保护的权利和义务。

问题解答

蒋小桃爸爸的做法不正确，蒋小桃和她的爸爸仍然存在父女关系，这是一种血缘联系，并不会因为父母的离婚而有所改变。因此，蒋小桃的爸爸仍然负有向蒋小桃支付抚养费、保障她受教育的权利等义务。目前蒋小桃的妈妈收入微薄，无法支撑家用，更无法缴纳学费，蒋小桃爸爸拒不支付抚养费是不正确的做法，蒋小桃可以向住所地的居民委员会或村民委员会工作人员请求帮助，也可以由妈妈代理她向法院起诉。

14 父母离婚，一方要求孩子随自己生活，孩子应该怎么办？

8周岁的朱小亮原本拥有一个幸福的家庭，但是父母因为朱小亮的上学问题经常发生矛盾。双方为此争执不下，最后离婚。但是爸爸要求朱小亮必须跟随他生活，请问朱小亮应该怎么办？

法条指引

《民法典》第1084条第3款　离婚后，不满两周岁的子女，以由母亲直接抚养为原则。已满两周岁的子女，父母双方对抚养问题协议不成的，由人民法院根据双方的具体情况，按照最有利于未成年子女的原则判决。子女已满八周岁的，应当尊重其真实意愿。

问题解答

朱小亮可以遵从自己的内心意愿选择跟爸爸或跟妈妈生活。《民法典》规定"子女已满八周岁的，应当尊重其真实意愿"。8周岁以上的孩子已有一定的自主意识和认知能力，抚养权的确定与其权益密切相关，尊重他们的真实意愿，更有利于他们的健康成长。朱小亮已经8周岁，可以自己选择跟爸爸还是跟妈妈，父母不能强行要求孩子跟自己生活，不能忽视孩子的内心想法，毕竟父母离婚这件事，会对孩子的心理健康造成极大的影响，应当尊重孩子的内心意愿。

15 父母离婚后，孩子可以要求经济富裕的一方支付全部抚养费吗？

王小迪的爸爸是一个成功的企业家，但是经常夜不归宿，对妈妈态度冷漠，二人最后协议离婚。王小迪在父母离婚后，一直跟随妈妈生活，但是妈妈没有稳定的收入，家里生活窘迫，爸爸对他不管不问。妈妈请求爸爸支付全部的抚养费，爸爸认为妈妈也应该支付一半，请问王小迪应该怎么办？

法条指引

《民法典》第1085条　离婚后，子女由一方直接抚养的，另一方应当负担部分或者全部抚养费。负担费用的多少和期限的长短，由双方协议；协议不成的，由人民法院判决。

前款规定的协议或者判决，不妨碍子女在必要时向父母任何一方提出超过协议或者判决原定数额的合理要求。

问题解答 王小迪可以请求爸爸给付全部的抚养费。王小迪的妈妈收入不稳定，若让王小迪的父母双方各负担王小迪抚养费的一半，会导致王小迪的生活质量下降，何况王小迪的爸爸是一个成功的企业家，完全有能力负担全部的抚养费用。所以，王小迪可以根据《民法典》的规定要求爸爸支付全部的抚养费，为他的健康生活提供物质基础。

16 父母离婚后，有抚养权一方拒绝另一方探望孩子，孩子该怎么办？

蒋小桃的父母离婚后，蒋小桃跟随妈妈生活，她的爸爸多次想要探望自己的女儿，都被蒋小桃的妈妈拒绝，或者通过让她参加周末兴趣班的方式妨碍爸爸的探望。但是蒋小桃已经很久没有见到爸爸，十分想和爸爸见一面，请问她应该怎么办？

法条指引

《民法典》第1086条　离婚后，不直接抚养子女的父或者母，有探望子女的权利，另一方有协助的义务。

行使探望权利的方式、时间由当事人协议；协议不成的，由人民法院判决。

父或者母探望子女,不利于子女身心健康的,由人民法院依法中止探望;中止的事由消失后,应当恢复探望。

问题解答 蒋小桃可以请求妈妈允许爸爸探望她,因为她的父母虽然离婚了,但是她与爸爸之间的父女关系仍然存在,她的爸爸依法享有探望她的权利,她的妈妈不能因为个人情感的原因,阻碍或拒绝她的爸爸探望。孩子的健康成长离不开父母任何一方的陪伴,蒋小桃的妈妈应当满足蒋小桃对于父爱的期待,努力为蒋小桃父女见面创造条件。

17 离婚后,有不良生活习惯的父(母)要求探望孩子,该怎么办?

王小叶的爸爸是个赌鬼,还染上了吸毒的恶习,因此妈妈提出离婚。离婚后,她跟随妈妈生活。爸爸想要探望自己的女儿,但他的"坏毛病"却一点儿没改。妈妈担心女儿的健康成长受到影响,就多次拒绝爸爸的探望要求。爸爸认为自己享有探望权,妈妈必须配合,但王小叶和妈妈都不想见到他,请问王小叶应该怎么办?

法条指引

《民法典》第1086条　离婚后，不直接抚养子女的父或者母，有探望子女的权利，另一方有协助的义务。

行使探望权利的方式、时间由当事人协议；协议不成的，由人民法院判决。

父或者母探望子女，不利于子女身心健康的，由人民法院依法中止探望；中止的事由消失后，应当恢复探望。

问题解答　王小叶可以让妈妈向法院请求中止爸爸的探望权。因为王小叶的爸爸吸毒，这很不利于她的身心健康，她和妈妈也很反感这种行为，所以她的妈妈可以向法院请求中止爸爸的探望权，以保护孩子的合法权益。

18 收养人可以随意解除与未成年人的收养关系吗？

徐小美的父母因为意外事故不幸去世，当地的福利院收养了年仅10岁的徐小美。后来她又被一对夫妇从福利院领养，但是在养父母有了自己的孩子之后，他们就想解除与徐小美的收养关系，请问徐小美应该怎么办？

法条指引

《民法典》第1114条　收养人在被收养人成年以前，不得解除收养关系，但是收养人、送养人双方协议解除的除外。养子女八周岁以上的，应当征得本人同意。

收养人不履行抚养义务，有虐待、遗弃等侵害未成年养子女合法权益行为的，送养人有权要求解除养父母与养子女间的收养关系。送养人、收养人不能达成解除收养关系协议的，可以向人民法院提起诉讼。

问题解答

徐小美可以拒绝解除收养关系，并要求养父母继续抚养照顾自己，还可以向住所地的居民委员会、村民委员会、民政部门求助。徐小美还未成年，如果解除收养关系，会让她再次陷入失去家庭的痛苦。徐小美的养父母虽然有了自己的孩子，但是不应当因此排斥她，当年收养她是为了给她一个温暖的家庭，就应当对她和亲生孩子不加区别地对待，这样才符合社会的道德要求。

19 叔叔作为监护人，可以剥夺侄女的继承权吗？

在邓小荷5岁的时候，爸爸因为意外事故去世，妈妈随后改嫁，邓小荷一直跟随叔叔生活。爷爷不久后去世，留下一笔遗产，叔叔继承了全部遗产，并没有给侄女留应有的份额。邓小荷的老师告诉叔叔，他这种做法侵犯了侄女的合法权益，但叔叔反驳称他是邓小荷的法定监护人，可以代她做出放弃继承权的决定。请问邓小荷应该怎么办？

法条指引

《民法典》第35条第1款　监护人应当按照最有利于被监护人的原则履行监护职责。监护人除为维护被监护人利益外，不得处分被监护人的财产。

《民法典》第35条第2款　未成年人的监护人履行监护职责，在作出与被监护人利益有关的决定时，应当根据被监护人的年龄和智力状况，尊重被监护人的真实意愿。

《民法典》第1120条　国家保护自然人的继承权。

《民法典》第1128条　被继承人的子女先于被继承人死亡的，由被继承人的子女的直系晚辈血亲代位继承。

被继承人的兄弟姐妹先于被继承人死亡的，由被继承人的兄弟姐妹的子女代位继承。

代位继承人一般只能继承被代位继承人有权继承的遗产份额。

问题解答 邓小荷可以要求叔叔把她应当继承的份额还给她，并向家所在地的居民委员会、村民委员会或者民政部门求助。根据《民法典》的规定，在爷爷去世后，她可以代替爸爸继承爷爷的财产，叔叔作为邓小荷的法定监护人，除为维护被监护人邓小荷的利益外，不得处分她的财产，更不得代替她做出放弃继承权的决定。因此邓小荷的叔叔应当将她应得的遗产份额还给她。

20 女孩子就不能上学吗？受教育权被侵害怎么办？

贺小燕的爸爸觉得"女子无才便是德"，于是不让自己7岁的女儿上学读书。隔壁邻居王阿姨告诉贺小燕，爸爸不让她读书是违法行为，女孩子也必须读书，请问她应该怎么办？

法条指引

《未成年人保护法》第3条第2款　未成年人依法平等地享有各项权利，不因本人及其父母或者其他监护人的民族、种族、性别、户籍、职业、宗教信仰、教育程度、家庭状况、身心健康状况等受到歧视。

《未成年人保护法》第16条　未成年人的父母或者其他监护人应当履行下列监护职责：

……

（五）尊重未成年人受教育的权利，保障适龄未成年人依法接受并完成义务教育；

……

问题解答　贺小燕可以要求上学，并寻求学校和住所地的居民委员会、村民委员会工作人员的帮助。"女子无才便是德"是封建落后的想法，我们应当坚持男女平等，男孩子和女孩子享有相同的权利。家长必须支持孩子接受义务教育，不得以任何原因阻止孩子入学或者让其辍学。如果存在经济困难，可以寻求学校、社会的帮助，不可以随意剥夺孩子的受教育权利。

21 未成年人如何应对家人"重男轻女"的行为？

贺小燕是一个女孩，有一个弟弟贺小鱼。贺小燕的爷爷奶奶一直有很严重的"重男轻女"的思想。贺小燕经常被家里的人忽视，大家的关注点都在弟弟身上，请问她应该怎么办？

法条指引

《未成年人保护法》第15条　未成年人的父母或者其他监护人应当学习家庭教育知识，接受家庭教育指导，创造良好、和睦、文明的家庭环境。

共同生活的其他成年家庭成员应当协助未成年人的父母或者其他监护人抚养、教育和保护未成年人。

问题解答　贺小燕及其父母应当与爷爷奶奶积极地沟通，积极争取自己的权利。"重男轻女"的思想是落后的封建思想，在现代社会，男孩、女孩都一样，都享有法律赋予的各项民事权利。姐弟俩是关系亲密的小伙伴，家人不能因为贺小燕是女生，就歧视她，让她的家庭地位比弟弟低。

22 被父母胁迫上街乞讨，我们应该怎么办？

马小东的父母整日吃喝玩乐，不去上班工作，为了获得金钱，就胁迫马小东上街乞讨，他如果反抗，就对他拳打脚踢。请问马小东应该怎么做才可以摆脱这种生活？

法条指引

《未成年人保护法》第54条　禁止拐卖、绑架、虐待、非法收养未成年人，禁止对未成年人实施性侵害、性骚扰。

禁止胁迫、引诱、教唆未成年人参加黑社会性质组织或者从事违法犯罪活动。

禁止胁迫、诱骗、利用未成年人乞讨。

问题解答

马小东可以拒绝父母的要求，并寻求住所地的居民委员会、村民委员会工作人员的帮助，他也可以申请撤销父母的监护人资格。父母不可以整日无所事事，并胁迫或利用未成年子女乞讨，这样会对他们的身心健康造成极大的损害。父母应当通过自己的努力工作为孩子创造舒适的生活环境，培养孩子正确的人生观、价值观、世界观。

第三篇

培养青少年在学校生活中有“力量”

1 老师要求购买指定的辅导资料，我们应该怎么办？

米小志就读于小区附近的一所初中，班主任在期末的时候推荐大家购买一套教辅资料。米小志不想购买，但是想到是班主任推荐的，如果拒绝可能会影响期末成绩，他很是纠结。请问米小志可以拒绝购买吗？

法条指引

《民法典》第5条　民事主体从事民事活动，应当遵循自愿原则，按照自己的意思设立、变更、终止民事法律关系。

《中华人民共和国义务教育法》(以下简称《义务教育法》)第25条　学校不得违反国家规定收取费用，不得以向学生推销或者变相推销商品、服务等方式谋取利益。

问题解答

米小志可以拒绝购买。根据《民法典》的规定，民事主体可以按照自己的意思设立、变更、终止民事法律关系。我国《义务教育法》也规定"学校不得违反国家规定收取费用，不得以向学生推销或者变相推销商品、服务等方式谋取利益"。班主任不得通过变相强迫的方式要求学生购买辅导资料。

2 面对老师的体罚，我们应该怎么办？

初中生郑小诚家境贫寒，未能及时缴纳本学年的学杂费，老师为了督促他缴纳相关费用并警示其他同学，就当众批评他，并惩罚他站在讲台旁边听课。郑小诚觉得很抬不起头，班里的同学也都对他指指点点。请问面对老师的做法，他应该怎么办？

法条指引

《民法典》第109条　自然人的人身自由、人格尊严受法律保护。

问题解答

郑小诚应该拒绝老师的安排，坐在自己的座位上听课。人格尊严是自然人作为人应当受到他人尊重的权利，已经被写入宪法。每个人都平等地享有法律赋予的人身自由和人格尊严。郑小诚的家庭条件较差，未能及时缴纳学杂费，老师应当及时与他的家长沟通，通过合适的方式提醒其父母缴纳费用，或者帮助他解决困难，不可以当众点名批评，更不能让他站在讲台旁听课，这样会对他的内心造成很大的伤害。

3 因老师处罚受到心理创伤，我们应该怎么办？

初中生郑小乐因为沉迷游戏，无法自拔，总是不按时交作业，为此，任课老师经常用尺子敲打他或者让他长时间站在走廊里。班里的同学对他议论纷纷，其他班的同学也对他指指点点，这给他造成了极大的心理创伤。请问他应该怎么办？

法条指引

《民法典》第110条　自然人享有生命权、身体权、健康权、姓名权、肖像权、名誉权、荣誉权、隐私权、婚姻自主权等权利。

问题解答　郑小乐应该向父母及时讲述这种情况，并积极按时完成作业。老师不能因为任何原因打骂学生或者采取体罚、变相体罚的方式教育学生，因为这样的行为会对学生的身心健康造成损害，侵犯学生的身体权和健康权。因此，任课老师用尺子敲打郑小乐或者让他长时间站在走廊的行为是不正确的，任课老师可以联系郑小乐的父母，向他们反映他的学习状况，请他们协助管教。郑小乐不应该在上学期间沉迷于游戏、荒废学业，应当认真学习，按时完成作业，做一位合格的中学生。

4 他人抢夺我们的财物时应该怎么办?

米小志和李小霞是三年级一班的同桌同学。这天米小志买了新的文具盒,里面带有磁铁游戏,李小霞想要玩一下,米小志却因为两天前李小霞没有借给他橡皮的事情,就不给李小霞玩,霸道的李小霞就直接将米小志的文具盒抢夺过来,不肯归还,请问米小志应该怎么办?

法条指引

《民法典》第240条　所有权人对自己的不动产或者动产,依法享有占有、使用、收益和处分的权利。

问题解答　米小志可以让李小霞把文具盒还给他,如果李小霞不还,他可以向老师说明情况,让老师规劝、教育李小霞。自然人对个人所有的物品享有所有权。米小志对自己的文具盒享有所有权,可以占有、使用,也可以决定将铅笔盒给谁玩。李小霞没有经过米小志的许可,是不能占有、使用米小志的文具盒的,更不能通过抢夺等方式取得米小志的文具盒。

5 面对他人谣言诋毁，我们应该怎么办？

米小志是学校有名的"混世小魔王"，经常与同学产生矛盾。因为李小霞不给他抄作业，米小志决定教训一下李小霞。于是米小志就在学校里面到处散播谣言，说李小霞以前是个小偷，导致周围同学都用异样的眼光看待李小霞，给她的学习生活造成很大的困扰。请问面对米小志的谣言诋毁，李小霞应该怎么办？

法条指引

《民法典》第1024条　民事主体享有名誉权。任何组织或者个人不得以侮辱、诽谤等方式侵害他人的名誉权。

名誉是对民事主体的品德、声望、才能、信用等的社会评价。

问题解答

李小霞有权让米小志停止侵害，不再散布谣言，或者向班主任老师讲清情况，让老师规劝、教育米小志，还可以告诉父母，让父母找老师及时沟通，解决问题。同学之间应当和睦相处、互帮互助。散布谣言，诋毁其他同学，这不仅是一种侵犯他人名誉权的违法行为，还会给他人造成极大的精神痛苦。

6 遇到性骚扰，我们应该怎么办？

某老师人品低下，觉得二年级的廖小美长相可爱，年龄又小，就经常以辅导作业为名，让廖小美去办公室，强迫她观看淫秽书籍，甚至对她动手动脚。请问幼小的廖小美面对这个道德败坏的老师应该怎么办？

法条指引

《民法典》第1010条　违背他人意愿，以言语、文字、图像、肢体行为等方式对他人实施性骚扰的，受害人有权依法请求行为人承担民事责任。

机关、企业、学校等单位应当采取合理的预防、受理投诉、调查处置等措施，防止和制止利用职权、从属关系等实施性骚扰。

问题解答　廖小美应当及时告诉父母，拒绝去老师办公室，也可向其他老师说明情况。如果老师强迫她去办公室，她可以大声呼救。廖小美的老师强迫她观看淫秽书籍，对她动手动脚的行为都是法律禁止的性骚扰行为。现实生活中还存在某些成年人通过发送淫秽文字的方式对未成年人实施性骚扰等情形。对于这种恶劣行为，我们要及时告诉父母和其他老师，勇敢说出真相，不要害怕。

7 被他人冒名顶替上学,我们应该怎么办?

杨小丽是一个农村孩子,家境贫寒,经过九年的刻苦读书,终于考上省重点高中。但杨小丽发现自己被同县的杨小刚顶替上学。杨小刚的学习成绩比较差,但是家里条件比较好,杨小刚的父母想通过给杨小丽一笔钱的方式,让她不要说出去。请问杨小丽应该怎么办?

法条指引

《民法典》第1012条　自然人享有姓名权,有权依法决定、使用、变更或者许可他人使用自己的姓名,但是不得违背公序良俗。

《民法典》第1014条　任何组织或者个人不得以干涉、盗用、假冒等方式侵害他人的姓名权或者名称权。

问题解答

杨小丽应该及时向高中学校和当地教育局反映情况,并向公安机关举报,使顶替者受到应有的惩罚。杨小丽考上省重点高中,这是通过自己的努力得到的结果,但是杨小刚的父母通过冒名顶替的不正当手段,将她的奋斗果实窃取,这样的做法不仅侵犯了杨小丽的姓名权,也侵犯了她的受教育权。

8 肖像权被侵害，我们应该怎么办？

四年级的马小东是一个调皮捣蛋的孩子，在同桌许小倩的证件照上随意涂画，故意恶搞，并和同学相互传阅，许小倩回到教室后，大家都开始嘲笑她。请问面对马小东的恶搞行为，许小倩应该怎么办？

法条指引

《民法典》第1019条　任何组织或者个人不得以丑化、污损，或者利用信息技术手段伪造等方式侵害他人的肖像权。未经肖像权人同意，不得制作、使用、公开肖像权人的肖像，但是法律另有规定的除外。

未经肖像权人同意，肖像作品权利人不得以发表、复制、发行、出租、展览等方式使用或者公开肖像权人的肖像。

问题解答

许小倩有权让马小东停止侵害，不再恶搞、丑化她的照片，或者向班主任老师讲清情况，让老师规劝、教育马小东。许小倩对自己的照片享有肖像权，任何人不得丑化、污损，马小东不得随意在许小倩的证件照上涂画、恶搞，更不能在同学之间传阅，取笑许小倩。

9 我国的法定婚龄是多少岁？

15岁的雷小宇和14岁的田小雯是同班同学，两人学习上互相帮助，但是因为都处在青春期，两人互相喜欢，谈起了恋爱，感情甜蜜。有一天雷小宇对田小雯说："我们结婚吧！"田小雯对雷小宇说："我们还没到法定婚龄！"请问他们可以结婚吗？田小雯的说法正确吗？

法条指引

《民法典》第1047条　结婚年龄，男不得[illegible]周岁，女不得早于二十周岁。

问题解答

他们不可以结婚，田小雯的说法是正确的。雷[illegible]和田小雯都是未成年人，没有达到法定婚龄，不能结婚。同学们应当正确理解青少年异性之间相互爱慕的情感，这是生理、心理发育期的正常现象，但是我们应当以学习为重，完成学业，不能因为恋爱问题而耽误学业，否则会错失学习知识、走进大学校园的宝贵机会。

10 未成年人该怎样见义勇为?

三年级的米小志在学校的卫生间看到一群同学正在殴打自己的好朋友,他本来想去拉架,但是周围的同学告诉他,别去多管闲事,不然也会被打。请问米小志应该怎么办?

法条指引

《民法典》第1188条　无民事行为能力人、限制民事行为能力人造成他人损害的,由监护人承担侵权责任。监护人尽到监护职责的,可以减轻其侵权责任。

有财产的无民事行为能力人、限制民事行为能力人造成他人损害的,从本人财产中支付赔偿费用;不足部分,由监护人赔偿。

《民法典》第1200条　限制民事行为能力人在学校或者其他教育机构学习、生活期间受到人身损害,学校或者其他教育机构未尽到教育、管理职责的,应当承担侵权责任。

问题解答

米小志应该及时向老师汇报,向保安呼救,让老师、保安制止这种暴力行为,不建议米小志独自一人前去制止,否则,很可能导致他也成为被殴打的对象。未成年人在学校施暴,家长和学校都是有责任的,因此,预防校园暴力需要家庭和学校进行相关教育，增强未成年人的法律意识，使其明白"未成年"并非挡箭牌，未成年人也应为自己的行为承担相应的法律责任。

11 在学校参加体育活动受伤，这个责任谁来担？

米小志从小就非常喜欢踢足球，有一次学校组织少年杯足球比赛，米小志上场后奋力踢球，但是在最后一场比赛时，为断对方正常传球导致左脚踝受伤，他被立即送往医院救治，请问他可以请求对方队员赔偿吗？

法条指引

《民法典》第1176条第1款　自愿参加具有一定风险的文体活动，因其他参加者的行为受到损害的，受害人不得请求其他参加者承担侵权责任；但是，其他参加者对损害的发生有故意或者重大过失的除外。

问题解答

米小志不可以请求对方赔偿。因为在打篮球、踢足球这些运动项目中，摔倒、扭伤等都是常见的风险，根据《民法典》的规定，在此类文体活动中，只要不是其他参与者故意或者重大过失导致的，在正常动作范围内的损害，其风险应当由受害人自己承担。

12 在学校因踩踏事故受伤，这个责任谁来担？

在一次课间操出操的过程中，初中生郑小诚和班里其他同学一起冲出教室跑向操场，但是因为学生太多，又没有老师维持秩序，郑小诚在奔跑过程中不慎踩空摔倒，后面的同学由于惯性一下子压在了他的左腿上，造成郑小诚左腿骨折。事后，郑小诚的家长要求学校给予赔偿，但是学校认为是郑小诚自己不小心摔倒的，和学校没有关系。请问郑小诚应该怎么办？

法条指引

《民法典》第1200条　限制民事行为能力人在学校或者其他教育机构学习、生活期间受到人身损害，学校或者其他教育机构未尽到教育、管理职责的，应当承担侵权责任。

问题解答

郑小诚可以要求学校承担医药费等费用。因为郑小诚是在学校的课间操期间受伤的，学校在课间操出操的时候应该及时安排老师维持秩序，但是郑小诚所在学校并未如此安排，所以才导致郑小诚踩空摔倒后被后面的同学压在腿上，造成骨折。学校没有尽到相应的安全保障义务，应当承担责任。

13 参加学校校外活动时受伤，这个责任谁来担？

在星期五的早上，郑小诚和其他同学在老师的组织下外出进行课外活动。在路上，郑小诚一不小心掉到路边一个正在施工的水坑里，摔伤了手臂，住院一个月。事后，郑小诚的父母找到学校，要求学校承担医药费，但是学校认为郑小诚是在校园外受伤的，和学校没有关系。请问郑小诚应该怎么办？

法条指引

《民法典》第1201条　无民事行为能力人或者限制民事行为能力人在幼儿园、学校或者其他教育机构学习、生活期间，受到幼儿园、学校或者其他教育机构以外的第三人人身损害的，由第三人承担侵权责任；幼儿园、学校或者其他教育机构未尽到管理职责的，承担相应的补充责任。幼儿园、学校或者其他教育机构承担补充责任后，可以向第三人追偿。

《未成年人保护法》第35条　学校、幼儿园应当建立安全管理制度，对未成年人进行安全教育，完善安保设施、配备安保人员，保障未成年人在校、在园期间的人身和财产安全。

学校、幼儿园不得在危及未成年人人身安全、身心健康的校舍和其他设施、场所中进行教育教学活动。

学校、幼儿园安排未成年人参加文化娱乐、社会实践等集体活动，应当保护未成年人的身心健康，防止发生人身伤害事故。

问题解答 郑小诚的父母可以要求道路施工者承担责任，也可以要求学校根据自身的过错大小承担相应的补充责任。因为郑小诚是掉进水坑才受伤的，道路施工者没有做好安全保障工作，应当承担责任。如果郑小诚的父母找不到施工者，可以要求学校承担看管不善的责任。虽然郑小诚是在校外活动时受伤，但活动是在学校老师组织下进行的，学校应当承担保护学生人身安全的义务，如果没有尽到相关义务，那么就要根据自身的过错承担责任。

14 因为成绩差被劝退学，我们应该怎么办？

周小豆在班级里成绩较差，加上性格内敛，很少和老师沟通，期末考试经常拖班级后腿。班主任很苦恼，准备向学校申请，劝他退学，以免影响班级评优。请问班主任可以这么做吗？

法条指引

《未成年人保护法》第28条第1款　学校应当保障未成年学生受教育的权利，不得违反国家规定开除、变相开除未成年学生。

《未成年人保护法》第29条第1款　学校应当关心、爱护未成年学生，不得因家庭、身体、心理、学习能力等情况歧视学生。对家庭困难、身心有障碍的学生，应当提供关爱；对行为异常、学习有困难的学生，应当耐心帮助。

问题解答　班主任不可以这么做。周小豆的学习成绩差是多方面的原因造成的，班主任老师应尽力寻找提高周小豆学习成绩的方法。班主任也应当尊重周小豆受教育的权利，关心、爱护他，不得歧视他，更不能为了自己班级的评优，就让他退学，这样的做法是极不负责任的。

15 因为身体残疾，被拒绝入学，应该怎么办？

黄小涛因为小时候突发高烧导致小脑受损，走路的时候步伐缓慢，每次上学都需要父母陪送。小升初的时候，初中学校认为他在学校生活不能自理，不能正常入学，让他的父母把他领回家去。请问他的父母应该怎么办？

法条指引

《义务教育法》第57条　学校有下列情形之一的，由县级人民政府教育行政部门责令限期改正；情节严重的，对直接负责的主管人员和其他直接责任人员依法给予处分：

（一）拒绝接收具有接受普通教育能力的残疾适龄儿童、少年随班就读的；

（二）分设重点班和非重点班的；

（三）违反本法规定开除学生的；

（四）选用未经审定的教科书的。

问题解答　黄小涛的父母可以要求学校接受黄小涛正常入学。黄小涛由于身体残疾，无法独自进行正常的学习生活，但是他享有受教育权，学校不能因此无情地剥夺他上学的权利。学校应该积极为他这样的弱势同学创造良好的读书学习环境，为他们融入校园生活提供便利。

第四篇

培养青少年在社会生活中有"力量"

1 遭遇强买强卖，我们应该怎么办？

何小虎和爸爸妈妈出去旅游，他走进景点一家商铺，发现有一个笔筒很精致，就拿来看一下。何小虎发现价格太贵，轻轻放下准备离开，却被店老板叫住。店老板告诉他：拿了就要买！店老板抓着何小虎的衣服不肯松手，请问他应该怎么办？

法条指引

《民法典》第5条　民事主体从事民事活动，应当遵循自愿原则，按照自己的意思设立、变更、终止民事法律关系。

《中华人民共和国消费者权益保护法》（以下简称《消费者权益保护法》）第10条　消费者享有公平交易的权利。

消费者在购买商品或者接受服务时，有权获得质量保障、价格合理、计量正确等公平交易条件，有权拒绝经营者的强制交易行为。

问题解答

何小虎可以大声呼救，让爸爸妈妈过来帮助自己摆脱店老板的纠缠。何小虎既然不想买就可以不买，不用理会店老板的说法。根据《民法典》的规定，民事主体从事民事活动，应当遵循自愿原则。他可以自己决定要不要买笔筒，店老板不可以强迫其购买。

2 网上购物发现实物与宣传不相符，我们该怎么办？

初中生郑小诚在逛某购物网站时发现一款变温杯子，宣传视频称杯子可根据用户的喝水需求变换水温，仅售150元。郑小诚立即下单购买，收货后发现杯子根本不会变温，是普通的杯子。郑小诚觉得自己受到了欺骗，请问他应该怎么办？

法条指引

《民法典》第6条　民事主体从事民事活动，应当遵循公平原则，合理确定各方的权利和义务。

《消费者权益保护法》第20条第1款　经营者向消费者提供有关商品或者服务的质量、性能、用途、有效期限等信息，应当真实、全面，不得作虚假或者引人误解的宣传。

《消费者权益保护法》第23条第2款　经营者以广告、产品说明、实物样品或者其他方式表明商品或者服务的质量状况的，应当保证其提供的商品或者服务的实际质量与表明的质量状况相符。

《消费者权益保护法》第55条第1款　经营者提供商品或者服务有欺诈行为的，应当按照消费者的要求增加赔偿其受到的损失，增加赔偿的金额为消费者购买商品的价款或者接受服务的费用的三倍；增加赔偿的金额不足五百元的，为五百元。法律另有规定的，依照其规定。

问题解答 郑小诚可以要求商家退款，并可以要求赔偿500元。因为在宣传视频中，商家特别指出这个杯子可以根据用户需求变温，那么商家就应当保证其提供商品的实际质量与广告中宣传的相符。他购买后发现杯子就是一个普通杯子，并没有特殊之处，因此可以认为商家实施了欺诈。《消费者权益保护法》第55条第1款规定：经营者提供商品或者服务有欺诈行为的，应当按照消费者的要求增加赔偿其受到的损失，增加赔偿的金额为消费者购买商品的价款或者接受服务的费用的三倍；增加赔偿的金额不足五百元的，为五百元。法律另有规定的，依照其规定。他买杯子花费了150元，三倍价款是450元，不足500元，但可按照500元请求赔偿。

3 购物后发现商品真假参半，我们该怎么办？

杨小丽去超市买菜，发现超市推出一款新的大米，超市宣传称这种米煮熟后米粒晶莹剔透，香气宜人。虽然标价30元/斤，但是她还是买了一斤，想尝个鲜。回家后发现，买的大米里面有一半是普通大米。杨小丽感觉被骗，请问她该怎么办？

法条指引

《民法典》第7条　民事主体从事民事活动，应当遵循诚信原则，秉持诚实，恪守承诺。

《消费者权益保护法》第55条第1款　经营者提供商品或者服务有欺诈行为的，应当按照消费者的要求增加赔偿其受到的损失，增加赔偿的金额为消费者购买商品的价款或者接受服务的费用的三倍；增加赔偿的金额不足五百元的，为五百元。法律另有规定的，依照其规定。

问题解答　杨小丽可以要求超市退款，并可以要求赔偿500元。在大米的销售过程中，超市存在掺假行为，将一般大米与好大米混合后以高价出售，这是侵犯消费者合法权益的欺诈行为，应当按照消费者的要求增加赔偿其受到的损失。根据《消费者权益保护法》的规定，增加赔偿的金额为消费者购买商品的价款或者接受服务的费用的三倍，增加赔偿的金额不足500元的，为500元。杨小丽买大米花费了50元，三倍价款是150元，不足500元，但可按照500元请求赔偿。

4 打赏主播的钱能否要求退还?

年仅7岁的蒋小桃和已满14周岁的田小雯给游戏主播打赏,二人拿父母的手机分别偷偷打赏了几千元,父母发现时已经打赏完毕。请问蒋小桃、田小雯的父母应该怎么办?

法条指引

《民法典》第144条　无民事行为能力人实施的民事法律行为无效。

《民法典》第145条第1款　限制民事行为能力人实施的纯获利益的民事法律行为或者与其年龄、智力、精神健康状况相适应的民事法律行为有效;实施的其他民事法律行为经法定代理人同意或者追认后有效。

问题解答　蒋小桃、田小雯的父母可以请求平台返还打赏款。年仅7岁的蒋小桃是无民事行为能力人,做出任何法律行为都是无效的。给主播打赏大额金钱的行为当然是无效的,父母可以请求平台返还财产。已满14周岁的田小雯属于限制民事行为能力人,给主播打赏的行为在法律上属于效力待定行为。也就是说田小雯的行为要得到父母的同意才是有效的。所以田小雯的父母也可以要求平台返还财产。

5 网购被骗怎么办?

周小豆在网上看到一支钢笔销量很好,价格也不贵,就准备买下来。收到钢笔后,吸上墨水,发现一直漏墨,根本无法书写。周小豆认为自己受到了欺骗,想维护自己的合法权益,请问他应该怎样做才能让店家将款项退回?

法条指引

《民法典》第148条　一方以欺诈手段,使对方在违背真实意思的情况下实施的民事法律行为,受欺诈方有权请求人民法院或者仲裁机构予以撤销。

问题解答

周小豆首先可以联系店家,与他协商,要求退还已付款。如果店家拒绝,他可以请求父母帮助他向法院提起诉讼,要求退还已付款。虽然我们一般希望通过协商的方式解决纠纷,但是如果自身的权益无法获得保护,那么我们必须拿起法律的武器保护自己的权益。

6 见义勇为造成他人损害怎么办?

三年级的米小志在放学回家的路上路过河边,听到有人在水里呼救,跑近一看发现是同班同学李小霞,米小志此时应该怎么办?米小志应该立即跳下去吗?如果米小志真的立即跳下去,在他救人的过程中,不小心损坏了李小霞的儿童手表,李小霞要求赔偿,他又应该怎么办?

法条指引

《民法典》第184条　因自愿实施紧急救助行为造成受助人损害的,救助人不承担民事责任。

问题解答

第一,如果在放学途中,遇到这类紧急情况,并不建议米小志直接跳进水中救人。作为未成年人,他首先应当大声呼救,呼喊周围的成年人给予帮助;如果没有成年人在事发现场,就应当赶快拨打110报警电话,说清事发地点,向警察求救;他还可以迅速跑回家,及时向父母求助。第二,如果李小霞有幸被米小志救助,即便在救助过程中米小志不小心损坏了李小霞的儿童手表,为了鼓励这种见义勇为的行为,米小志不应承担赔偿责任。

7 司马光救人砸坏了缸,怎么办?

司马光为了救助水缸里的小朋友,将水缸砸坏了,他需要承担责任吗?如果砸缸还弄伤了缸里的小朋友,他会承担责任吗?

法条指引

《民法典》第182条第1款　因紧急避险造成损害的,由引起险情发生的人承担民事责任。

《民法典》第184条　因自愿实施紧急救助行为造成受助人损害的,救助人不承担民事责任。

问题解答

司马光为救助水缸里的小朋友,砸烂水缸属于紧急避险行为,不用赔偿水缸的费用。即便他在砸水缸的时候,用力过猛,不小心伤到了水缸里的小朋友,也不承担医药费等责任。根据《民法典》的规定,因自愿实施紧急救助行为造成受助人损害的,救助人不承担民事责任。

8 网购订单提交后被店家取消，我们应该怎么办？

初中生汪小禾在某网购平台做促销活动时，立即选定购物车商品，提交订单。两天后，商家以商品标价错误为由要求她取消订单。汪小禾很疑惑：为什么订单提交成功，店家又要求取消订单？请问她应该怎么办？

法条指引

《民法典》第491条　当事人采用信件、数据电文等形式订立合同要求签订确认书的，签订确认书时合同成立。

当事人一方通过互联网等信息网络发布的商品或者服务信息符合要约条件的，对方选择该商品或者服务并提交订单成功时合同成立，但是当事人另有约定的除外。

问题解答

汪小禾可以要求商家按照订单的价格发货，商家如果坚持不发货，她可以投诉商家，要求商家承担违约责任。实践中经常发生用户提交订单后卖家以各种理由取消订单的情形，这对用户是极不负责的。根据《民法典》的规定，如果遇到商家声称价格设置错误拒绝发货，可以要求商家继续履行合同，按照要求发货。

9 出租车拒载，我们应该怎么办？

初中生郑小诚打算搭乘一辆出租车去书店，上车后，出租车司机认为目的地距离太近，要求他下车，郑小诚应该怎么办？

法条指引

《民法典》第494条第3款　依照法律、行政法规的规定负有作出承诺义务的当事人，不得拒绝对方合理的订立合同要求。

问题解答　郑小诚可以不下车，并要求司机将他送到书店，或者可以拨打车内的投诉电话，投诉司机的违法行为。因为出租车是公共运输工具，根据《民法典》的规定，负有载客的义务。他招手打车，司机停车后，在他坐上车的时候，司机就负有将他安全送达的义务，不可以因为距离近拒载。

10 店家张贴"霸王条款",我们应该怎么办?

初中生郑小诚在商店购买篮球,商店墙上贴着"货物一经售出概不负责"的告示。郑小诚拿到篮球不一会儿就发现有漏气现象,于是找到店家,要求更换,但店家拒绝,理由是店里已经贴了售出后概不负责的告示,请问郑小诚应该怎么办?

法条指引

《民法典》第496条　格式条款是当事人为了重复使用而预先拟定,并在订立合同时未与对方协商的条款。

采用格式条款订立合同的,提供格式条款的一方应当遵循公平原则确定当事人之间的权利和义务,并采取合理的方式提示对方注意免除或者减轻其责任等与对方有重大利害关系的条款,按照对方的要求,对该条款予以说明。提供格式条款的一方未履行提示或者说明义务,致使对方没有注意或者理解与其有重大利害关系的条款的,对方可以主张该条款不成为合同的内容。

问题解答

郑小诚可以要求店家换一个新的篮球或者退款。"货物一经售出概不负责"是霸王条款。商家想通过这个店内告示免去自己对篮球质量的保证责任,剥夺了他购买质量合格篮球的合法权益，即使店家提醒郑小诚注意告示的内容，也应当是无效的告示。如不能达成一致意见，他可以向市场管理部门投诉，或拿起法律的武器维护自己的权益。

11 合同包含"格式条款"，我们应该怎么办？

初中生陈小奇想在暑假期间学习钢琴，于是参加了某个机构的兴趣班培训。他在父母的陪同下签了合同后，觉得路程太远想要退课，机构却说合同里面写了"不准退课"，所以不给他退培训费用，但签合同时，培训机构并未告知他此条款。请问他应该怎么办？

法条指引

《民法典》第496条　格式条款是当事人为了重复使用而预先拟定，并在订立合同时未与对方协商的条款。

采用格式条款订立合同的，提供格式条款的一方应当遵循公平原则确定当事人之间的权利和义务，并采取合理的方式提示对方注意免除或者减轻其责任等与对方有重大利害关系的条款，按照对方的要求，对该条款予以说明。提供格式条款的一方未履行提示或者说明义务，致使对方没有注意或者理解与其有重大利害关系的条款的，对方可以主张该条款不成为合同的内容。

《民法典》第497条　有下列情形之一的，该格式条款无效：

（一）具有本法第一编第六章第三节和本法第五百零六条规定的无效情形；

（二）提供格式条款一方不合理地免除或者减轻其责任、加重对方责任、限制对方主要权利；

（三）提供格式条款一方排除对方主要权利。

问题解答　陈小奇可以主张"不准退课"的条款是格式条款，是无效条款，要求机构退还培训费。因为能不能退课与陈小奇有重大利害关系，培训机构在签订合同时并没有提醒他要特别注意，他可以主张格式条款不成为合同的内容。即使培训机构提醒了陈小奇，陈小奇也可以主张这个条款不合理地限制了他的上课选择权利，应该是无效条款。

12　收到的外卖与订单不符，我们应该怎么办？

吴小力在某外卖平台订了一份烤茄子和十串猪蹄筋。但是外卖小哥送来的只有一份烤茄子，请问吴小力应该怎么办？

法条指引

《民法典》第509条第1款　当事人应当按照约定全面履行自己的义务。

《民法典》第577条　当事人一方不履行合同义务或者履行合同义务不符合约定的，应当承担继续履行、采取补救措施或者赔偿损失等违约责任。

问题解答　吴小力应该立即联系店家，询问是否忘记制作猪蹄筋，如果店家回复没有存货，就应当承担违约责任。店家未能按照他的要求将全部外卖送到，可以认为店家未能全面履行合同，违反了和吴小力之间的餐饮服务合同，需要向他承担违约责任。

13　网购取货后发现商品损坏，我们应该怎么办？

初中生陈小奇在网上购买了一个阅读书架，收到货物后发现阅读书架的底部损坏，无法使用，于是要求店家退换。店家却说她已经签收，风险由她承担，请问陈小奇应该怎么做才能维护自己的合法权益？

法条指引

《民法典》第512条第1款　通过互联网等信息网络订立的电子合同的标的为交付商品并采用快递物流方式交付的，收货人的签收时间为交付时间。电子合同的标的为提供服务的，生成的电子凭证或者实物凭证中载明的时间为提供服务时间；前述凭证没有载明时间或者载明时间与实际提供服务时间不一致的，以实际提供服务的时间为准。

问题解答　陈小奇可以要求商家退款或者重新发货。生活中，消费者一旦发现所购商品存在质量问题，要第一时间通过截屏、拍照等方式完整保留交易过程中的信息，如购物平台和商家的信息、商品的详细介绍等关键性证据。建议消费者先找卖家协商，如不能达成一致意见，可向购物平台投诉。如果还不能解决，可以向市场管理部门投诉，也可向人民法院提起诉讼。

14　因赠品造成自身损害，我们应该怎么办？

初中生陈小奇在超市"买十赠一"活动中购买了十盒酸奶，并获赠一盒纯牛奶。他喝完赠品牛奶后出现急性肠胃炎，原因是牛奶已过保质期。陈小奇找到超市要求赔偿医药费，但是超市认为牛奶是赠品，不在质量保证范围内。请问他应该怎么办？

法条指引

《民法典》第662条　赠与的财产有瑕疵的，赠与人不承担责任。附义务的赠与，赠与的财产有瑕疵的，赠与人在附义务的限度内承担与出卖人相同的责任。

赠与人故意不告知瑕疵或者保证无瑕疵，造成受赠人损失的，应当承担赔偿责任。

《消费者权益保护法》第23条第1款　经营者应当保证在正常使用商品或者接受服务的情况下其提供的商品或者服务应当具有的质量、性能、用途和有效期限；但消费者在购买该商品或者接受该服务前已经知道其存在瑕疵，且存在该瑕疵不违反法律强制性规定的除外。

问题解答　陈小奇可以继续要求超市赔偿医药费。虽然牛奶是赠品，但是根据《民法典》的规定，附义务的赠与，赠与的财产有瑕疵的，赠与人在附义务的限度内承担与出卖人相同的责任。超市应当对赠品牛奶承担与酸奶一样的质量保证责任，不能因为是赠品就推卸责任。

15 面对"霸座"行为,我们应该怎么办?

雷小宇乘坐火车出游,上车后发现自己的座位被一位大叔占用,他提醒大叔按票面座位号乘坐,但是大叔拒绝回到自己的座位上,请问雷小宇应该怎么办?

法条指引

《民法典》第815条第1款　旅客应当按照有效客票记载的时间、班次和座位号乘坐。旅客无票乘坐、超程乘坐、越级乘坐或者持不符合减价条件的优惠客票乘坐的,应当补交票款,承运人可以按照规定加收票款;旅客不支付票款的,承运人可以拒绝运输。

《民法典》第819条　承运人应当严格履行安全运输义务,及时告知旅客安全运输应当注意的事项。旅客对承运人为安全运输所作的合理安排应当积极协助和配合。

问题解答

雷小宇可以找列车乘务人员,让他们与大叔沟通。根据《民法典》的规定,旅客应当按照有效客票记载的时间、班次和座位号乘坐。大叔应该坐在自己的位子上,不应该"霸座"。乘务人员应当劝说大叔坐到自己的位子上,如果大叔不听劝阻,应该将这种情况告诉乘警,交给警察处理。

16 火车票的软卧被改成硬卧，我们应该怎么办？

田小雯和自己的闺蜜约定，利用暑期兼职的收入去附近的景点游玩，放松一下。她和闺蜜购买了火车的软卧票，上车后被乘务人员告知软卧已满，只能将她们换到硬卧，但不退给她们差价，请问她们应该怎么办？

法条指引

《民法典》第821条　承运人擅自降低服务标准的，应当根据旅客的请求退票或者减收票款；提高服务标准的，不得加收票款。

问题解答

田小雯她们可以要求乘务人员退还火车票差价。乘车时我们会遇到这种情况，原本订的是软卧，结果被告知只剩下硬卧，在这种情况下，可以要求列车乘务人员退还铺位差价。根据《民法典》的规定，承运人擅自降低服务标准的，应当根据旅客的请求退票或者减收票款。当我们购买软卧铺位后，列车不能随意降低服务标准，否则我们可以要求退票或退差价。另外，如果列车主动提高服务标准的，例如从硬卧票升级到软卧票，乘客是不需要另外补差价的。

17 雨伞被他人拿走后，迟迟不还，我们应该怎么办？

下雨天，马小东没有带伞，他未经同桌许小倩的同意，直接拿走她的雨伞。第二天许小倩要求马小东返还雨伞，但他拒不返还，认为拿了就拿了，许小倩家里又不差这一把伞。请问许小倩应该怎么办？

法条指引

《民法典》第985条　得利人没有法律根据取得不当利益的，受损失的人可以请求得利人返还取得的利益，但是有下列情形之一的除外：

（一）为履行道德义务进行的给付；

（二）债务到期之前的清偿；

（三）明知无给付义务而进行的债务清偿。

《民法典》第986条　得利人不知道且不应当知道取得的利益没有法律根据，取得的利益已经不存在的，不承担返还该利益的义务。

《民法典》第987条　得利人知道或者应当知道取得的利益没有法律根据的，受损失的人可以请求得利人返还其取得的利益并依法赔偿损失。

问题解答 许小倩应该将这件事情告诉老师，让老师劝导、教育马小东。马小东明知伞是许小倩的，但没有经过许小倩的同意就直接拿走，这种行为侵犯了她的财产权利，属于一种侵权行为，也是不当得利的行为。在大雨过后，马小东应当及时归还雨伞，不应该在许小倩要求返还时还拒不返还，这样的做法是不正确的。

18 我们应该如何保护自己的肖像权？

齐小云和同学一起到某家摄影公司拍摄初中毕业照。因为齐小云长相漂亮，摄影公司未经其同意就将她的个人照片用作店铺宣传。一个月后，齐小云才得知此事，请问她应该怎么办？

法条指引

《民法典》第1019条第2款　未经肖像权人同意，肖像作品权利人不得以发表、复制、发行、出租、展览等方式使用或者公开肖像权人的肖像。

问题解答 齐小云可以要求摄影公司停止商业宣传,并赔偿她的经济损失。根据《民法典》的规定,她对自己的个人照片享有肖像权,摄影公司未经过她的同意直接使用照片的行为,侵犯了她的肖像权,应当停止侵害,并赔偿经济损失。

19 个人信息被泄露,我们应该怎么办?

初中生魏小兰十分喜欢奥数,于是就去某教育机构咨询奥数班暑假补课的事情。在机构人员的要求下,她留下了姓名、手机号码、住址等个人信息,没想到回家后就接到各种培训机构的骚扰电话,给她的正常生活造成很大的困扰,请问她应该如何维护自己的合法权益?

法条指引

《民法典》第1035条 处理个人信息的,应当遵循合法、正当、必要原则,不得过度处理,并符合下列条件:

(一)征得该自然人或者其监护人同意,但是法律、行政法规另有规定的除外;

(二)公开处理信息的规则;

(三)明示处理信息的目的、方式和范围;

（四）不违反法律、行政法规的规定和双方的约定。

个人信息的处理包括个人信息的收集、存储、使用、加工、传输、提供、公开等。

问题解答 魏小兰可以要求教育培训机构停止向其他机构共享她的信息，并要求其承担损害赔偿责任。培训机构获取了她的个人信息，依法负有保密义务，不可未经她同意，就擅自将她的个人信息出售或共享给其他机构。这提醒我们在日常生活中，面对不确定、来源不明的网页链接要保持慎重，例如投票抽奖、性格测试、帮忙砍价的网页链接常常会要求我们填写个人电话号码等个人的基本信息，在不知不觉的时候我们的个人信息就被窃取了。

20 被自行车撞倒，肇事者要逃跑，我们应该怎么办？

五年级的方小空放学后和同学一起回家，他们在人行道上正常行走，忽然后方驶来一辆自行车，方小空躲闪不过，被自行车撞倒在地。自行车主人见状，丢下车子拔腿就跑，请问方小空此时应该怎么办？

法条指引

《民法典》第1177条第1款　合法权益受到侵害，情况紧迫且不能及时获得国家机关保护，不立即采取措施将使其合法权益受到难以弥补的损害的，受害人可以在保护自己合法权益的必要范围内采取扣留侵权人的财物等合理措施；但是，应当立即请求有关国家机关处理。

问题解答

方小空可以扣留自行车。方小空扣留自行车的行为是《民法典》规定的"自助行为"。生活中常见的此类行为还有：客人在饭店吃"霸王餐"，店方限制客人人身自由要求其支付餐费；偷拍者被发现时转身就逃，被偷拍者拦住偷拍者要求删除照片；等等。他可以在必要范围内采取扣留肇事者财物等合理措施，但同时应当立即报警。

21　唯一的全家福被他人损坏，我们应该怎么办？

徐小美5岁的时候，父母因为意外事故身亡，徐小美变成了一个孤儿，和爷爷奶奶一起生活。家里只有一张她和父母的合影，徐小美每次想念父母的时候就会看看那张全家福，独自哭泣。有一次，李小乐来家里和徐小美一起玩游戏，发现了这张全家福，一定要拿来看看，徐小美不肯给他，李小乐就强行夺取，在抢夺的过程中，照片被撕成两半，徐小美非常伤心，请问徐小美应该怎么办？

法条指引

《民法典》第1183条　侵害自然人人身权益造成严重精神损害的，被侵权人有权请求精神损害赔偿。

因故意或者重大过失侵害自然人具有人身意义的特定物造成严重精神损害的，被侵权人有权请求精神损害赔偿。

问题解答　徐小美可以向李小乐请求精神损害赔偿。徐小美是孤儿，这张全家福对她来说就是思念父母的唯一物品，是具有重要纪念意义的物品，没有任何东西可以替代，承载着徐小美的全部家庭记忆。李小乐在夺取照片的过程中将它撕坏，把徐小美唯一的精神寄托物品毁坏了，给徐小美造成了极大的精神痛苦，应当向徐小美支付精神损害赔偿金。

22　在商场购物时受伤，我们应该怎么办？

小学生李小霞根据老师的要求去某书城购买这学期的辅

导资料。因为书城地面的水迹没有擦干净，李小霞在挑选图书时不幸摔倒，导致左臂骨折。请问她应该怎样维护自己的合法权益？她可以要求书城承担医药费吗？

法条指引

《民法典》第1198条第1款　宾馆、商场、银行、车站、机场、体育场馆、娱乐场所等经营场所、公共场所的经营者、管理者或者群众性活动的组织者，未尽到安全保障义务，造成他人损害的，应当承担侵权责任。

问题解答　她可以要求书城承担侵权责任，支付医药费。书城是进行书籍经营的公共场所，负有保障顾客人身、财产安全的法定义务。如果是因为书城的管理疏忽，比如地面有水、道路过于狭窄等导致顾客摔倒，书城因为未尽到安全保障义务，应当承担侵权责任。反过来，如果书城不存在上述过错，尽到了合理的安全保障义务，如保持了地面干燥、设置了必要的警示牌等，则不承担侵权责任。

23 帮老师打水的过程中受伤,我们应该怎么办?

二年级某班的班主任喜欢让班里的值日生给自己打热水,有一次廖小美在打水的过程中,一不小心右手被烫伤,住院治疗两周。事后,廖小美请求老师支付医药费,但是老师认为是廖小美自己不小心烫伤的,和自己无关。请问廖小美应该怎么办?

法条指引

《民法典》第1199条　无民事行为能力人在幼儿园、学校或者其他教育机构学习、生活期间受到人身损害的,幼儿园、学校或者其他教育机构应当承担侵权责任;但是,能够证明尽到教育、管理职责的,不承担侵权责任。

问题解答

廖小美可以把这件事情告诉学校的领导,让他们督促班主任老师支付医药费,或者请求学校支付医药费。因为根据《民法典》的规定,无民事行为能力人在幼儿园、学校或者其他教育机构学习、生活期间受到人身损害的,幼儿园、学校或者其他教育机构应当承担侵权责任。廖小美是在学校给老师打热水的时候被烫伤的,学校应对此承担责任。班主任老师之所以这么理所当然地让小学生打热水,是因为学校对这种行为放任不管。学校监管失职，所以应该承担赔偿责任。学校承担赔偿责任后，可以向班主任老师追偿。

24 购买的新保温杯爆炸，我们应该怎么办？

初中生魏小兰因为口渴，就在校门口商店购买了一个保温杯，准备拿回学校喝水。到学校接热水时，保温杯爆炸，她右手被烫伤，住院治疗一个月。请问她可以找商店老板要求承担责任吗？她应该怎样维护自身的合法权益？

法条指引

《民法典》第1203条　因产品存在缺陷造成他人损害的，被侵权人可以向产品的生产者请求赔偿，也可以向产品的销售者请求赔偿。

产品缺陷由生产者造成的，销售者赔偿后，有权向生产者追偿。因销售者的过错使产品存在缺陷的，生产者赔偿后，有权向销售者追偿。

问题解答

她既可以向商店请求损害赔偿，也可以向生产保温杯的厂家请求损害赔偿。根据《民法典》的规定，因产品缺陷造成他人损害的，产品的生产者和销售者应承担赔偿责任。保温杯的生产厂家不论是故意或过失，都要承担侵权责任。但是魏小兰为了及时获得赔偿，也可以直接要求商店赔偿医药费等损失。

25 吃了药店推荐的药，发生药物中毒，我们应该怎么办？

初中生陈小奇去药店购买止泻药，工作人员向其推荐某种特效药。陈小奇回家后按要求服用，但几个小时后因药物中毒被送往医院救治，出院后，陈小奇请求药店支付医药费，但是药店称药不是他们生产的，自己无须担责。请问陈小奇应该怎么办？

法条指引

《民法典》第1203条　因产品存在缺陷造成他人损害的，被侵权人可以向产品的生产者请求赔偿，也可以向产品的销售者请求赔偿。

产品缺陷由生产者造成的，销售者赔偿后，有权向生产者追偿。因销售者的过错使产品存在缺陷的，生产者赔偿后，有权向销售者追偿。

《民法典》第1223条　因药品、消毒产品、医疗器械的缺陷，或者输入不合格的血液造成患者损害的，患者可以向药品上市许可持有人、生产者、血液提供机构请求赔偿，也可以向医疗机构请求赔偿。患者向医疗机构请求赔偿的，医疗机构赔偿后，有权向负有责任的药品上市许可持有人、生产者、血液提供机构追偿。

问题解答　陈小奇可以要求药店赔偿，也可以找药品生产商赔偿，但现实生活中一般直接找药店赔偿，这样方便一些。根据《民法典》的规定，因药品的缺陷造成患者损害的，被侵权人可以向产品的生产者请求赔偿，也可以向产品的销售者请求赔偿。虽然药品不是药店生产的，但是药店在进货时负有安全检查义务，必须保证药品的质量，所以应承担侵权责任，支付医药费。如果最后发现药品是生产的问题，那么药店可以向生产者追偿。

26 发生交通事故，肇事司机不愿意承担赔偿责任，我们应该怎么办？

初中生魏小兰放学后走在回家路上，在绿灯的时候过斑马线，一辆车忽然冲了过来，她躲闪不及，被撞倒在路边。肇事司机立即把她送到医院救治，住院两个月后才出院回家。肇事司机不愿承担赔偿责任，请问她应该怎么办？

法条指引

《民法典》第1179条　侵害他人造成人身损害的，应当赔偿医疗费、护理费、交通费、营养费、住院伙食补助费等为治疗和康复支出的合理费用，以及因误工减少的收入。造成残疾的，还应当赔偿辅助器具费和残疾赔偿金；造成死亡的，还应当赔偿丧葬费和死亡赔偿金。

《民法典》第1208条　机动车发生交通事故造成损害的，依照道路交通安全法律和本法的有关规定承担赔偿责任。

《中华人民共和国道路交通安全法》第76条　机动车发生交通事故造成人身伤亡、财产损失的，由保险公司在机动车第三者责任强制保险责任限额范围内予以赔偿；不足的部分，按照下列规定承担赔偿责任：

（一）机动车之间发生交通事故的，由有过错的一方承担赔偿责任；双方都有过错的，按照各自过错的比例分担责任。

（二）机动车与非机动车驾驶人、行人之间发生交通事故，非机动车驾驶人、行人没有过错的，由机动车一方承担赔偿责任；有证据证明非机动车驾驶人、行人有过错的，根据过错程度适当减轻机动车一方的赔偿责任；机动车一方没有过错的，承担不超过百分之十的赔偿责任。

交通事故的损失是由非机动车驾驶人、行人故意碰撞机动车造成的，机动车一方不承担赔偿责任。

问题解答 魏小兰可以与肇事司机协商解决，如协商不成，可向法院提起诉讼。魏小兰是在人行斑马线亮绿灯的时候才通过的，魏小兰没有过错。根据我国法律的规定，机动车与非机动车驾驶人、行人之间发生交通事故，非机动车驾驶人、行人没有过错的，由机动车一方承担赔偿责任，所以肇事司机应当承担侵权责任。赔偿范围应包括医疗费、护理费、交通费、营养费、住院伙食补助费、残疾赔偿金等。如肇事司机不愿承担赔偿责任，经协商不成的，被害人可以向法院提起诉讼维护自身合法权益。

27 "好意搭乘"却受伤，我们应该怎么办？

星期一的早上，邓小荷在路边等公交车上学。路过的邻居王阿姨好心让她搭乘，但是在驾驶的过程中，发生交通事故，造成她的左腿受伤。请问在这种好意搭乘的情况下邓小荷应该如何维护自身的合法权益，她可以让王阿姨支付医药费吗？

法条指引

《民法典》第1217条　非营运机动车发生交通事故造成无偿搭乘人损害，属于该机动车一方责任的，应当减轻其赔偿责任，但是机动车使用人有故意或者重大过失的除外。

问题解答　邓小荷可以向王阿姨主张损害赔偿，但是应当减轻王阿姨的责任。王阿姨好心捎带邓小荷的行为是好意搭乘，也称无偿搭乘、搭便车，造成交通事故的，被搭乘者（王阿姨）可以适当减轻赔偿责任。好意搭乘是基于被搭乘者的"好意"发生的，如果在这个过程中因为被搭乘者一般的过失或者意外事件而发生交通事故，要求被搭乘者全额赔偿的话，是不利于形成友善和睦的社会风气的。

28 医院泄露病人隐私，我们应该怎么办？

未成年人邓小荷因为患有先天性疾病经常去医院治疗，在医院留存了治疗时期的详细资料。后来，该医院未经她的同意，将她治愈前后的照片作为此项治疗方案的宣传海报公开，同学看到后，都对她指手画脚，嘲笑她病愈前的样子。请问邓小荷应该怎么办？

法条指引

《民法典》第1226条　医疗机构及其医务人员应当对患者的隐私和个人信息保密。泄露患者的隐私和个人信息，或者未经患者同意公开其病历资料的，应当承担侵权责任。

问题解答　邓小荷可以请求医院收回发出的海报并承担侵权责任。患者的隐私和个人信息受法律保护。医院未经她同意，将她治愈前后的照片公开宣传，侵犯了她的肖像权和隐私权，给她造成极大的生活困扰，熟悉的同学还会对她指指点点，对她的心理健康造成较大的损害。因此，邓小荷可以要求医院收回发出的海报，并承担赔偿责任。

29　被他人的宠物咬伤，我们应该怎么办？

初中生汪小禾走在放学回家的路上，邻居王阿姨带着自家小狗在路上散步，汪小禾与王阿姨打招呼的时候，被未拴绳的小狗咬伤右脚踝。请问她可以请求王阿姨支付医药费吗？

法条指引

《民法典》第1246条　违反管理规定，未对动物采取安全措施造成他人损害的，动物饲养人或者管理人应当承担侵权责任；但是，能够证明损害是因被侵权人故意造成的，可以减轻责任。

问题解答　汪小禾可以向王阿姨请求损害赔偿，要求支付医药费。根据《民法典》的规定，饲养动物应当遵守社会公德，在小区遛狗要拴绳，要携带一次性垃圾袋，防止宠物粪便污染环境等。汪小禾走在路上，并未招惹王阿姨的宠物狗，王阿姨由于未拴绳遛狗，导致汪小禾被咬伤，应当承担侵权责任，赔偿汪小禾医药费等费用。即便是汪小禾故意招惹宠物狗，也只能减轻王阿姨的责任，不可以完全免除她的侵权责任。

30　被"天降花瓶"砸伤，我们应该怎么办？

初中生郑小诚放学后走在小区的路上，忽然从"天上"坠落一个花瓶，正巧砸中郑小诚的脖颈。他被及时送往医院救治，住院一个月。由于找不到扔花瓶的人，郑小诚的赔偿也一直无着落，物业那里也没有监控，公安机关也不管这件事。请问郑小诚应该怎么办？

法条指引

《民法典》第1254条　禁止从建筑物中抛掷物品。从建筑物中抛掷物品或者从建筑物上坠落的物品造成他人损害的，由侵权人依法承担侵权责任；经调查难以确定具体侵权人的，除能够证明自己不是侵权人的外，由可能加害的建筑物使用人给予补偿。可能加害的建筑物使用人补偿后，有权向侵权人追偿。

物业服务企业等建筑物管理人应当采取必要的安全保障措施防止前款规定情形的发生；未采取必要的安全保障措施的，应当依法承担未履行安全保障义务的侵权责任。

发生本条第一款规定的情形的，公安等机关应当依法及时调查，查清责任人。

问题解答

如果无法查清谁是扔花瓶的人，郑小诚可以向可能造成损害的楼房的住户，比如3楼以上的住户请求补偿，这些人补偿后如果查到扔花瓶的人，有权向其追偿。公安机关应当履行依法及时调查的义务。根据《民法典》的规定，物业公司负有安全保障义务，应当采取必要的安全管理措施防止高空坠物，小区物业没有采取必要措施，郑小诚同时可以请求物业公司承担管理不善的责任。

31 走路掉进窨井中，我们应该怎么办？

四年级的马小东和许小倩在放学后一边追逐嬉闹一边往家走。许小倩脚下一滑掉入一个没有井盖的窨井中。许小倩在井底大声呼救，马小东也被吓到了，惊慌失措。请问面临许小倩的呼救，马小东应该怎么办？

法条指引

《民法典》第1258条　在公共场所或者道路上挖掘、修缮安装地下设施等造成他人损害，施工人不能证明已经设置明显标志和采取安全措施的，应当承担侵权责任。

窨井等地下设施造成他人损害，管理人不能证明尽到管理职责的，应当承担侵权责任。

问题解答

马小东应该及时向周围路过的成年人求救，不能自己去救同学，因为这样单独行动可能会让自己也陷入困境。同时，许小倩应保留证据，及时去医院治疗，事后可以向窨井的施工人或管理人请求损害赔偿。根据《民法典》的规定，窨井等地下设施造成他人损害，管理人不能证明尽到管理职责的，应当承担侵权责任。

32 作为一名童工，在劳动中受伤，应该怎么办？

年仅15岁的周小娅想通过在餐馆兼职的方式赚取学费，为父母减轻负担。在一次送餐过程中，她的摩托车侧翻，导致左臂受伤。事后她要求餐馆老板赔偿医药费，但是老板称周小娅是童工，没参加工伤保险，拒绝赔偿。请问她应该怎么办？

法条指引

《非法用工单位伤亡人员一次性赔偿办法》第2条　本办法所称非法用工单位伤亡人员，是指无营业执照或者未经依法登记、备案的单位以及被依法吊销营业执照或者撤销登记、备案的单位受到事故伤害或者患职业病的职工，或者用人单位使用童工造成的伤残、死亡童工。

前款所列单位必须按照本办法的规定向伤残职工或者死亡职工的近亲属、伤残童工或者死亡童工的近亲属给予一次性赔偿。

问题解答

她可以请求餐馆老板赔偿医药费。用人单位雇用童工工作是违法的，童工在工作过程中受伤后当然也就不能按照工伤职工的待遇给予赔偿，但是根据《非法用工单位伤亡人员一次性赔偿办法》第2条的规定，周小娅的医药费应当由餐馆老板一次性赔偿。一次性赔偿包括她在治疗期间的费用和一次性赔偿金。

33 去外面打工，却被克扣工资，我们应该怎么办？

17岁的何小虎在餐馆打工，工资月结，但老板只发了一半工资，理由是何小虎未满18周岁。请问他应该怎么办？

法条指引

《劳动法》第3条第1款　劳动者享有平等就业和选择职业的权利、取得劳动报酬的权利、休息休假的权利、获得劳动安全卫生保护的权利、接受职业技能培训的权利、享受社会保险和福利的权利、提请劳动争议处理的权利以及法律规定的其他劳动权利。

《劳动法》第15条　禁止用人单位招用未满十六周岁的未成年人。

文艺、体育和特种工艺单位招用未满十六周岁的未成年人，必须遵守国家有关规定，并保障其接受义务教育的权利。

问题解答 何小虎可以要求老板补足剩下的一半工资。已满16周岁未满18周岁的劳动者是未成年工,并不是法律禁止的童工,他们享有与成年劳动者同等的权利。何小虎作为年满16周岁的未成年人,可以参加工作。在餐馆服务的过程中,他的劳动付出同其他成年员工一样,所以他享有获得同样的劳动报酬的权利。老板应给何小虎补足剩下的一半工资。